Betriebliches Gesundheitsmanagement für die Praxis

Martin Kaminski

Betriebliches Gesundheitsmanagement für die Praxis

Ein Leitfaden zur systematischen
Umsetzung der DIN SPEC 91020

Unter Mitarbeit von Agnes Kaminski und
Detlef Kaminski

 Springer Gabler

Martin Kaminski
Marburg
Deutschland

ISBN 978-3-658-01273-1   ISBN 978-3-658-01274-8 (eBook)
DOI 10.1007/978-3-658-01274-8

Die Deutsche Nationalbibliothek verzeichnet diese Publikation in der Deutschen Nationalbibliografie; detaillierte bibliografische Daten sind im Internet über http://dnb.d-nb.de abrufbar.

Springer Gabler
© Springer Fachmedien Wiesbaden 2013

Lektorat: Stefanie Brich/Margit Schlomski

Gedruckt auf säurefreiem und chlorfrei gebleichtem Papier

Springer Gabler ist eine Marke von Springer DE. Springer DE ist Teil der Fachverlagsgruppe Springer Science+Business Media
www.springer-gabler.de

Vorwort

Die einen sagen: „Gesundheitsförderung in unserem Unternehmen, das machen wir schon seit Jahren". Die anderen sagen: „Gesundheit ist die persönlichste Sache überhaupt, darum kümmert sich jeder schon selbst. Bei uns wird gearbeitet." In solch einem Spannungsfeld wird Gesundheit im betrieblichen Umfeld sehr unterschiedlich behandelt. Man findet Mitarbeiter, die stolz sind, in „ihrem" Unternehmen zu arbeiten. Leider gibt es aber auch Unternehmen, in denen sich Mitarbeiter ausgebeutet und unmoralisch behandelt fühlen.

Seit einigen Jahren werden bereits an Hochschulen und in Vorzeigebetrieben Grundlagen und teilweise auch Methoden erarbeitet, um Maßnahmen, die die Gesundheit der Mitarbeiter positiv beeinflussen, in Unternehmen zu systematisieren. Besonderes Augenmerk liegt darauf, die richtigen gesundheitsförderlichen Maßnahmen zu erkennen und deren Effekte greifbar, nachweisbar und bewertbar zu machen. In unserer von Kosten geprägten Geschäftswelt ist es unumgänglich, die Frage nach dem „Return-on-Investment" zu beantworten, selbst wenn das Thema Gesundheit als eines der schwierigsten „soft facts" in einem Betrieb bezeichnet werden kann.

Gesunde Mitarbeiter in einem gesunden Unternehmen Natürlich liegt die persönliche Gesundheit in der Verantwortung eines jeden selbst. Natürlich sorgt sich jeder um seine Gesundheit, denn krank zu sein, ist kein ernst zu nehmendes Ziel eines Individuums, und natürlich enden die Bemühungen jedes Einzelnen für das persönliche Wohlergehen nicht an der Eingangspforte zum Betrieb, in dem man arbeitet. Trotzdem ist es noch ein großer Schritt zu einem gesunden Unternehmen, selbst wenn alle Mitarbeiter von sich behaupten, gesund zu sein.

„One apple a day" - das ist nicht genug! Unternehmen sind kooperative Systeme, in denen soziale Beziehungen, Netzwerke, Organisationsformen, Führungsstile - landläufig auch kurz „Betriebsklima" genannt - von immenser Wichtigkeit sind. In der Soziologie wird an dieser Stelle gern der internationale Begriff „Social Capital" [1] verwendet. Er beschreibt, dass das Zusammenwirken der Beteiligten in einem Unternehmen ein betriebswirtschaftliches Kapital darstellt. Die Behandlung des „Social Capital" führt entweder zum Gewinn, wenn das Unternehmen als vernetztes Ganzes am Markt wahrgenommen agiert oder aber

zu Verlusten, wenn Raubbau an den Mitarbeitern betrieben wird und die Marke damit in Verbindung gebracht wird.

Ein gesundes Unternehmen ist also - einfach gesagt - ein Unternehmen, in dem gesunde Mitarbeiter in einer gesunden Organisation Produkte oder Dienstleistungen mit starken Marken hervorbringen und alle fair daran verdienen. Natürlich gilt dieser gedankliche Ansatz entsprechend auch für Non-Profit-Organisationen.

Die Standardisierung des Betrieblichen Gesundheitsmanagements Es gibt charismatische Unternehmenslenker, die die Gesundheit in ihren Unternehmen zur Chefsache erklären und mit untrüglichem Gespür und strategischer Weitsicht vorleben und vorgeben, wie sie sich ihr gesundes Unternehmen vorstellen. Das ist der Ideal- und Ausnahmefall einer aussterbenden Spezies. Der Normalfall ist, dass im Rahmen der Arbeitssicherheit, Arbeitsplatzgestaltung, bei den Betriebsärzten, den Sozialarbeitern, den Betriebsräten und manchmal auch im Rahmen der Mitarbeiterführung, Maßnahmen zur Gesundheitsförderung Eingang in den betrieblichen Alltag finden. Allein die Tatsache, dass sich so unterschiedliche Gruppen um die Gesundheit der Mitarbeiter kümmern, macht klar, dass allein durch eine Koordination dieser Beteiligten ein Mehrwert zu erreichen sein muss.

Einen ersten Schritt zur Standardisierung des Betrieblichen Gesundheitsmanagements als Grundlage für ein koordiniertes Vorgehen wurde durch den Social Capital and Occupational Health Standard SCOHS [2] gemacht. Angelehnt an bestehende Managementsysteme wurden hier erstmals Minimalanforderungen so formuliert, dass Unternehmen jedweder Größe ein Betriebliches Gesundheitsmanagement installieren können. In einem Arbeitskreis des Deutschen Instituts für Normung DIN wurde dieser SCOH-Standard in einem zweiten Schritt mit weiteren Anforderungskatalogen verknüpft und erweitert, so dass die DIN SPEC 91020 [3] entstand, die im Juli 2012 veröffentlicht wurde.

Der Leitfaden für die Umsetzung der DIN SPEC 91020 Einen Anforderungskatalog für ein Betriebliches Gesundheitsmanagement in Form einer DIN SPEC 91020 in Händen zu halten, zu lesen, zu verstehen und von der Wichtigkeit des Inhalts überzeugt zu sein, ist ein guter Anfang. Das vorliegende Anwenderhandbuch soll diejenigen, die sich zum Ziel gesetzt haben, die Gesundheit in ihrem Unternehmen nachhaltig zu verbessern, Einblicke und Anregungen geben, wie ein Managementsystem zu installieren ist, das kurzfristig und nachhaltig das Wohlbefinden der Mitarbeiter steigert und mittel- und langfristig den Gesamterfolg des Unternehmens erhöht. Dabei sollen Mitglieder von Geschäftsleitungen, Führungskräfte, Mitarbeiter in Personal- und Sozialbereichen, Betriebsärzte und Arbeitnehmervertretungen als wichtige und verantwortliche Mitspieler angesprochen werden.

Im Teil I „Grundlagen des Betrieblichen Gesundheitsmanagements" findet sich eine Art „Management Abstract". Anhand von Folien, wie sie bei Präsentationen im Management verwendet werden können, wird in das Thema Betriebliches Gesundheitsmanagement eingeführt und es werden die wichtigsten Aspekte erklärt. In erster Linie dient es zur

Information des Managements und zur Vorbereitung des strategischen Beschlusses für die Einführung eines Betrieblichen Gesundheitsmanagements. Besondere Aufmerksamkeit soll dabei auf die „Stolpersteine" gerichtet werden, die auf dem Weg liegen. Die Erfahrung zeigt: es sind mehrere und größere als man spontan vermutet.

Im Teil II werden die Anforderungen der DIN SPEC 91020 in voller Länge zitiert, im Detail kommentiert und mit konkreten Beispielen und Erfahrungsberichten versehen.[1] Ein besonderer Schwerpunkt liegt dabei auf der Analyse von Gesundheitschancen und -risiken, die als Schlüssel für den Erfolg von Maßnahmen zur Verbesserung des Wohlbefindens der Mitarbeiter und damit auch zur Verbesserung ihrer Leistungsfähigkeit angesehen werden kann. Dieser Teil B richtet sich also an diejenigen, die von der Geschäftsleitung den Auftrag erhalten, ein Betriebliches Gesundheitsmanagement operativ einzuführen.

Im Teil III wird für diejenigen, die das Betriebliches Gesundheitsmanagement in ein bereits bestehendes anderes Managementsystem (z. B. DIN ISO 9001, BS OHSAS 18001) integrieren möchten, eine Referenzübersicht zwischen DIN SPEC 91020 und ISO 9001:2008 bzw. BS OHSAS 18001:2007 aufgezeigt.

Liebe Leser,

in das vorliegende Buch sind die Erfahrungen eingeflossen, die die Beratergruppe PRO^4-cooperation international in ihren langjährigen Projekten auf den Gebieten Geschäftsprozessoptimierung, Managementsysteme und Auditierung gewonnen hat. Natürlich sind auch die Erkenntnisse aus den Projekten zur Einführung eines Betrieblichen Gesundheitsmanagements enthalten. Allen Mitgliedern der PRO^4-cooperation international, die auf dem Gebiet Betriebliches Gesundheitsmanagement mitgewirkt haben, sei hiermit mein Dank ausgesprochen.

Besonderer Dank gilt meiner Ehefrau Agnes Kaminski und meinem Bruder Detlef Kaminski für ihre Schlüsselfunktionen bei der Gestaltung dieses Buches. Ohne sie wäre dieser Leitfaden definitiv nicht zustande gekommen. Danken möchte ich auch meiner Schwägerin Brigitte Kaminski und unserer Freundin Susanna Hoppe für ihren konstruktiven Input.

Neben den sachlichen Erläuterungen rund um die DIN SPEC 91020 war für uns wichtig, die mitunter spröden Formulierungen aufzuheitern und mit Beispielen aus dem täglichen betrieblichen Alltag anzureichern. Wir wollen dabei den Eindruck vermitteln, dass die Einführung eines Betrieblichen Gesundheitsmanagements auch Spaß bereiten kann. Ob uns dies gelungen ist, werden Sie, die Leser, beurteilen.

Dr. Martin Kaminski

Ausschließlich aus Gründen der besseren Lesbarkeit wird im Text nur die männliche Form verwendet. Gemeint ist stets sowohl die weibliche als auch die männliche Form.

---

[1] Wiedergegeben mit der Erlaubnis des DIN Deutsches Institut für Normung e.V. Maßgebend für das Anwenden der DIN-Norm ist deren Fassung mit dem neuesten Ausgabedatum, die bei der Beuth Verlag GmbH, Burggrafenstraße 6, 10787 Berlin, erhältlich ist.

Inhaltsverzeichnis

Der Autor

Dr. Martin Kaminski, Jahrgang 1955, Diplom-Chemiker, ist Unternehmensberater, leitender Auditor und Trainer. Er arbeitete mehr als 15 Jahre in Führungspositionen international agierender Organisationen. Zu seinen Aufgabengebieten gehörten die Optimierung von Geschäftsprozessen, das Reengineering von Organisationen sowie die Umsetzung von Managementsystemen. Seine Methodenkompetenz erlangte er im „Training on the Job" in den USA und in Japan. 1995 gründete er die Unternehmensberatung proproduction Dr. Kaminski und leitet seit 2000 die PRO^4–cooperation. Seit mehr als 5 Jahren beschäftigt er sich mit dem Betrieblichen Gesundheitsmanagement und initiierte die Entwicklung des ersten zertifizierungsfähigen Gesundheitsmanagementstandards (SCOHS). Er war Mitglied der Arbeitsgruppe zur Entwicklung der DIN SPEC 91020. Über seine Erfahrungen bei der praktischen Anwendung dieser Spezifikation in Unternehmen berichtet er in diesem Buch.

E-Mail: Martin.Kaminski@proproduction.de

Agnes Kaminski, Jahrgang 1958, Gesundheitswissenschaftlerin, studierte nach langjähriger MTA-Tätigkeit Gesundheitswissenschaften und Berufspädagogik. Während des Studiums arbeitete sie bei Prof. Badura im „Kennzahlenprojekt" und entwickelte den SCOHS (Social Capital and Occupational Health Standard). Sie war an der Erarbeitung der DIN SPEC 91020 für Betriebliches Gesundheitsmanagement aktiv beteiligt und ist Mitglied der DAkkS Arbeitsgruppe für die Erarbeitung der Akkreditierungs-Regeln. Seit 2013 ist sie im Vorstand des Bundesverbands Betriebliches Gesundheitsmanagement BBGM und leitet das Ressort „Qualität im BGM". Heute arbeitet sie freiberuflich als leitende Auditorin, Trainerin und Beraterin. Als Mitglied der PRO^4-cooperation begleitet sie Organisationen bei der Einführung von (Gesundheits-)Managementsystemen.

E-Mail: Agnes.Kaminski@proproduction.de

Detlef Kaminski, Jahrgang 1951, Dipl.-Ing. Elektrotechnik, war viele Jahre als Entwicklungsleiter in der Fahrzeug- und Motorenentwicklung der Daimler AG tätig. Sowohl das technische als auch das prozessuale Erfahrungswissen seiner langjährigen, weltweit operierenden Führungsrollen bringt er seit 2010 in das Beratungsunternehmen seines Bruders ein.

E-Mail: Detlef.Kaminski@proproduction.de

Teil I
Grundlagen des Betrieblichen Gesundheitsmanagements

Einleitung

Zusammenfassung

In vielen Geschäftsberichten, Leitbildern und Reden der Geschäftsleitung findet man die Aussage, dass die Mitarbeiter des Unternehmens dessen höchstes Gut seien und im Mittelpunkt stünden. Dies wird zu Recht immer wieder betont, und es ist auch gewiss nicht bloß ein Lippenbekenntnis der Geschäftsleitungen. Denn verglichen mit den Zeiten der beginnenden Industrialisierung wird für das Wohl der Mitarbeiter Einiges getan, nicht uneigennützig, sondern aus der gesicherten Erkenntnis heraus, dass gesunde und motivierte Mitarbeiter leistungsfähiger sind. Diese eigentlich bekannte Win-win-Situation wird im Rahmen eines Betrieblichen Gesundheitsmanagements (BGM) über die bislang üblichen Gesundheitsfördermaßnahmen hinaus strukturiert und nachhaltig behandelt, völlig unabhängig davon, ob eine Zertifizierung angestrebt wird oder nicht.

In den vergangenen fünf Jahren wurden in interdisziplinären Arbeitskreisen Anforderungskataloge entwickelt, die beschreiben, wie ein Betriebliches Gesundheitsmanagement auszusehen hat, das nachhaltig und effizient die Gesundheit der Mitarbeiter und die Wettbewerbsfähigkeit der Unternehmen stärkt. Zu nennen ist hier die im Juli 2012 erschienene DIN SPEC 91020 [3], die aus dem SCOHS Social Capital and Occupational Health Standard [2] (siehe auch www.SCOHS.de) und verschiedenen anderen Anforderungskatalogen erarbeitet wurde. Da sich diese Regelwerke an der Struktur von bestehenden Normen wie ISO DIN 9000 ff. [11] und ISO Guide 83 [13] orientieren, sind sie einfach in vorhandene Managementsysteme integrierbar. Sie bilden eine gute Grundlage und Hilfestellung, wenn ein Unternehmen den Schritt von gelegentlichen Gesundheitsfördermaßnahmen zu einem in die Prozesse und Strukturen eingebundenen Gesundheitsmanagementsystem gehen möchte.

Die Anforderungen an ein Betriebliches Gesundheitsmanagement zu kennen und zu akzeptieren – das ist der Anfang. Ein Betriebliches Gesundheitsmanagement im täglichen Umgang des Unternehmens bewusst zu leben – das ist eine Herausforderung. Vergleicht

M. Kaminski, *Betriebliches Gesundheitsmanagement für die Praxis*,
DOI 10.1007/978-3-658-01274-8_1, © Springer Fachmedien Wiesbaden 2013

man die Einführung von Qualitätsmanagementsystemen in den frühen 1990er Jahren mit der heutigen Situation, so erlebt man beim Versuch, ein Betriebliches Gesundheitsmanagement einzuführen, ähnliche Verhaltensweisen und Aussagen der Beteiligten: „... das haben wir schon ... was bringt das? ... dafür benötigt man zusätzliches Budget und Manpower ... das ist doch Aufgabe der Betriebsärzte, des Personalwesens ... sollen sich doch die Kollegen von der Arbeitssicherheit darum kümmern ...". Dass allgemein ein Managementsystem ein Führungsinstrument ist, welches untrennbar in die Prozesse und Strukturen eingebunden ist, ist zwar bekannt, jedoch löst erfahrungsgemäß gerade die Einführung eines Betrieblichen Gesundheitsmanagements – mag es noch so kompatibel mit bestehenden Managementsystemen sein – Irritationen bis hin zur spontanen Ablehnung aus.

Mit einer kleinen Übung können alle Mitarbeiter, besonders aber die Führungskräfte, sehr schnell herausfinden, ob in ihrem Unternehmen ein Gesundheitsmanagement hilfreich wäre.

Beantworten Sie in einer gemischten Gruppe Ihres Unternehmens die folgenden „Schlüsselfragen zur Erkundung der Gesundheit der Organisation":

* Wie erfahre ich Zufriedenheit in meiner Arbeit?
* Was macht mich stolz auf unser Arbeitsklima?
* Was ist in unserem Unternehmen zu bedauern?
* Kenne ich eigentlich meine Arbeitskolleginnen und -kollegen?
* Bin ich mit dem Umgang und der Führungskultur zufrieden?
* Reagiert die Organisation flexibel auf meine Bedürfnisse?
* Gibt es konkrete Maßnahmen, die das Wir-Gefühl stärken?
* WARUM eigentlich NICHT?

Wenn sich Betroffenheit einstellt oder gar verschämt nach unten geblickt wird, weil man sich diese Fragen nie gestellt hat, hat man ein starkes Indiz für die Notwendigkeit eines Betrieblichen Gesundheitsmanagements, um die Mitarbeiter ein Stück weiter in den gewinnbringenden Mittelpunkt zu rücken.

Als erster und wichtigster Schritt ist, die „oberste Leitung" von dieser Notwendigkeit zu überzeugen, denn die in der DIN SPEC 91020 formulierte „Kultur der Aufmerksamkeit" für Gesundheitschancen und -risiken in einem Unternehmen muss immer „top-down" vorgelebt werden [3]. Also sind als erstes die Gesundheitspolitik und die Gesundheitsziele, verbunden mit entsprechenden Erfolgsfaktoren, zu definieren und mit den Beteiligten zu vereinbaren. Dies liest sich sehr einfach, jedoch ist – besonders in großen, weltweit agierenden Unternehmen – die Formulierung von Prinzipien und Leitplanken für die Gesundheit der Mitarbeiter ein aufwändiger Abstimmungsprozess, wenn man sowohl einen inhaltlichen als auch prozessualen Konsens erreichen möchte. Besonders wichtig dabei ist, dass eine sogenannte „Stakeholder-Kommunikation" entwickelt wird, die sicherstellen soll, dass alle Verantwortlichen, insbesondere Betriebsärzte, Personalbereiche und Arbeitnehmervertretungen „im Boot sind" und das Gesundheitsmanagement als eine Chance begreifen.

Für die unternehmensinterne Kommunikation hat sich eine Art „interner Anwenderleitfaden" als sehr hilfreich erwiesen. Dieser Ratgeber beantwortet die Fragen derjenigen, die das Betriebliche Gesundheitsmanagement einführen sollen und gibt jeder Führungskraft und jedem Mitarbeiter Hinweise und Impulse, wie das eigene Umfeld hinsichtlich Gesundheit verbessert werden kann. Wird solch ein Anwenderleitfaden als eine Art Wissensdatenbank oder gar als modernes „WIKI" geführt, so wird die Kommunikation über die Gesundheit firmenweit aktiv gehalten und es entsteht ein neues soziales Netzwerk innerhalb des Unternehmens.

Erster operativer Schritt bei der Einführung des Betrieblichen Gesundheitsmanagements – vorzugsweise in einem Pilotbereich – ist die Durchführung einer Analyse zur Ermittlung und Bewertung von Gesundheitschancen und -risiken (siehe DIN SPEC 91020 Abschn. 6.1). Die Feststellung des Status quo und die Definition der für diesen Bereich spezifischen Erfolgsfaktoren sind sowohl für die Mitarbeiter als auch für die Geschäftsführung essentiell. Nichts ist nämlich frustrierender als ein Bündel von Maßnahmen zu beschließen und durchzuführen, wenn nachher festgestellt wird, dass entweder an falscher Stelle optimiert wurde oder der Erfolg nicht gemessen und gemeinsam gefeiert werden kann. Wenn die Umsetzung in dem Pilotbereich erfolgreich ist und so auch die hartnäckigsten „Bedenkenträger" im Unternehmen von der Sinnhaftigkeit des Betrieblichen Gesundheitsmanagements überzeugt werden konnten, kann man einen Roll-out planen und umsetzen. Damit wird klar, dass das Betriebliche Gesundheitsmanagement kein Projekt ist, das in Wochenfrist erledigt werden kann, sondern zu den sogenannten „nachhaltigen" Veränderungen in einem Unternehmen gehört.

Aus universitärer und wissenschaftlicher Sicht ist die Mitarbeiterbefragung für eine Analyse des Gesundheitszustands der Belegschaft das Mittel der Wahl. Besonders in globalen Unternehmen, die periodisch mit großem Aufwand Mitarbeiterbefragungen durchführen, ist eine zusätzliche Befragung zur „Gesundheit" jedoch praktisch oft nicht umsetzbar. Außerdem kennt jeder, der einmal eine Mitarbeiterbefragung erlebt hat, die „Lust und Laune", die Fragebogen bei den Mitarbeitern auslösen, ganz zu schweigen von den Mühen, die deren Antworten, Interpretation und Bewertung erzeugen.

Also sollte der Ist-Zustand in der Praxis alternativ ermittelt werden. Mit den Methoden des modernen Audits werden dazu strukturierte Interviews mit Mitarbeitern durchgeführt, um anschließend aus einer Bewertung kurzfristige „Quick-Wins" und langfristige Verbesserungsmaßnahmen identifizieren zu können. Doch bevor jegliche Art von Analyse gestartet wird, ist ein Konsens über deren Inhalt und Vorgehensweise mit den Arbeitnehmervertretungen sowie den tangierenden Interessensgruppen (z. B. Personalwesen, Arbeitssicherheitsexperten, Betriebsärzte) einvernehmlich zu erreichen.

Kernstück dieser Analyse sind die sogenannten Gesundheitschancen und -risiken (Kap. 13 Planung). Sie beschreiben die gesundheitlich relevanten Themen in einem Unternehmen.

Der aufmerksame Manager wird sich nun die Frage stellen: „Wozu brauchen wir im Unternehmen schon wieder ein neues System, das man „Gesundheitschancen und -risiken" nennt? Wir haben doch bereits Kennzahlen im Unternehmen, mit denen wir „Gesundheit"

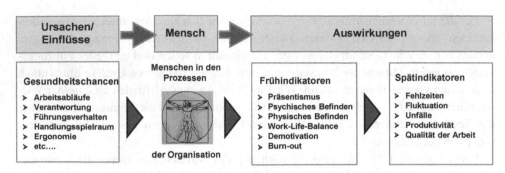

Abb. 1.1 Zusammenhang zwischen Gesundheitschancen und Spätindikatoren (Quelle: Angelehnt an das Unternehmensmodell Badura et al 2008)

messen können: Fehlzeitenrate (%), Fluktuation (%), Unfallzahlen (Unfälle/1000 Arbeitsstunden) etc. Der Vorteil dieser Kennzahlen ist sogar noch, dass man diese betriebswirtschaftlich auswerten kann, d. h. diese Kennzahlen können in eindeutige Euro-Beträge umgerechnet werden.

Um zu verstehen, warum diese betriebswirtschaftlichen Indikatoren für ein Betriebliches Gesundheitsmanagement nicht direkt nutzbar sind, müssen wir einen kleinen Ausflug in die Gesundheitsförderung machen. Wir haben während zahlreicher Untersuchungen in den Unternehmen, die Maßnahmen zur Gesundheitsförderung anbieten (wie Rückenschulung, Zuschüsse zu Fitnesscentern, Ernährungsprogramme etc.), festgestellt, dass die oben angeführten betriebswirtschaftlichen Indikatoren nicht verbessert wurden. Manchmal stellt man sogar eine Verschlechterung fest wie z. B. steigende Fehlzeiten oder erhöhte Unfallzahlen. Der Grund für dieses Paradoxon ist, dass es sich bei den betriebswirtschaftlichen Indikatoren um sogenannte „Spätindikatoren" handelt [1]. Der Zusammenhang zwischen den Spätindikatoren und den Gesundheitschancen und -risiken ist in Abb. 1.1 dargestellt.

Noch ein Wort zur Wirksamkeit von Maßnahmen zur Gesundheitsförderung: Wir konstatieren hier nicht, dass Maßnahmen zur Gesundheitsförderung grundsätzlich keine oder sogar ein negative Wirkung auf betriebswirtschaftliche Indikatoren zeigen. Geraten nämlich solche Maßnahmen durch Zufall an die richtige Stelle (z. B. unsportliche Mitarbeiter nehmen an einem Fitness-Programm teil), dann haben diese Maßnahmen durchaus einen direkten Einfluss auf diese Indikatoren. Dieser Fall ist jedoch nach unserer Erfahrung relativ selten.

Um wirksame, vorhersagbare positive Effekte auf die Spätindikatoren zu erzielen, müssen wir uns den Zusammenhang zwischen Spätindikatoren (betriebswirtschaftlichen Indikatoren) und ihren verursachenden Faktoren klar machen. Diese Ursache-Wirkungs-Beziehungen wurden durch verschiedene Studien mehrfach nachgewiesen [1].

Tatsächlich werden hohe Fehlzeiten oder schlechte Produktivität durch die sogenannten Frühindikatoren wie z. B. Präsentismus, psychisches Befinden, physisches Befinden, Work-Life-Balance, Demotivation, Burn-out verursacht. Leider können wir die Frühindikatoren genauso schlecht greifen wie die Spätindikatoren. Daher müssen wir noch eine Stufe tiefer gehen: Die Verursacher der Frühindikatoren finden wir nämlich größtenteils im Arbeitsumfeld und in den Prozessen des Unternehmens. Wir nennen sie „Gesundheitschancen und -risiken". Beispiele hierfür sind: Arbeitsabläufe, Verantwortlichkeiten, Führungsverhalten, Handlungsspielraum, Ergonomie, Kommunikation, Information. Hier sind wir jetzt auf einer Konkretisierungsstufe angelangt, wo wir eine strukturierte, systematische Analyse durchführen können, um dann bedarfsorientiert wirksame Maßnahmen ableiten zu können. Die dargestellten, verifizierten Ursache-Wirkungs-Beziehungen sorgen dafür, dass die Maßnahmen, die wir zu den Gesundheitschancen und -risiken umsetzen, treffsicher auch einen positiven Einfluss auf die Spätindikatoren und damit auf die betriebswirtschaftlichen Kennzahlen haben.

Lassen Sie uns hierzu ein kleines Rechenbeispiel machen: Nehmen wir einmal an, in einem mittelgroßen Unternehmen mit 1000 Mitarbeitern gibt es eine Fehlzeitrate von 3 %, was noch nicht einmal sonderlich hoch ist. Jeder Controller und auch jeder Manager im Unternehmen weiß, welche potenziellen Kosten dadurch im Unternehmen verursacht werden. Die Fehlzeitrate von 3 % bedeutet, dass Mitarbeiter an ca. 8750 Tagen pro Jahr nicht ihre geplante Arbeit verrichten. Unter der Annahme, dass ein Fehlzeittag Personalkosten von ca. € 480 verursacht (ca. € 60 pro Stunde inklusiv Lohnnebenkosten), kommen wir auf ein Kostenpotenzial von ca. € 4,2 Mio. Wenn es uns durch die Umsetzung eines wirksamen Betrieblichen Gesundheitsmanagements im Unternehmens gelingt, die Hälfte dieses Kostenpotenzials zu nutzen, dann sollte dies genügend Motivation sein, ohne Zeitverzug mit der Umsetzung zu beginnen. Das Ihnen vorliegende Buch gibt Ihnen dafür den Schlüssel in die Hand. Um dieses Potenzial zu heben, muss man die Gesundheitschancen und -risiken als letztendliche Mitverursacher von hohen Fehlzeiten, hoher Fluktuation, hohen Unfallzahlen, sinkender Produktivität etc. kennen.

Wenden wir uns nun kurz den Gesundheitschancen und -risiken zu.

Im Folgenden wird die Bewertung der Gesundheitschancen beschrieben, für die Gesundheitsrisiken gilt Analoges. Gesundheitschancen lassen sich aus Handlungsfeldern (Kap. 13 Planung) ableiten und enthalten Merkmale, die anhand von Kriterien bewertet werden können. Sie können sehr übersichtlich und transparent in einer Matrix dargestellt werden Abb. 1.2.

Gesundheitschancen sind unternehmensspezifisch und müssen im Konsens aller Beteiligten festgelegt werden. Sie hängen ab von den Arbeitsinhalten und dem Umfeld der Organisation, in dem das Unternehmen mit seinen Prozessen agiert und werden, je nach Tätigkeit der Mitarbeiter, entsprechend unterschiedlich gewichtet. z. B.

- Produktion
- Dienstleistung
- Bürotätigkeiten, Innendienst
- Reisetätigkeiten
- Baustellen, Service
- Kundenkontakte

Beispiele für Gesundheitschancen und risiken
- Merkmale - Kriterien - Messgrößen

Gesundheitschancen und -risiken	Merkmale	Kriterien	Messgrößen
Handlungsspielraum	- Entscheidungsmöglichkeiten bei der Erledigung der Arbeit	- Reihenfolge - Tempo - Arbeitsmethode	- % Anteil an freier Entscheidung bei Reihenfolge - Tempo - Methode...
Ergonomie	- Ergonomie-Kompetenz	- Schulungen - Vor -Ort-Übungen - Unterweisungen	- Anzahl Schulungen
Ernährung	- Ernährungskompetenz - Ernährungsmöglichkeiten	- Qualifizierung zur Ernährung - Vielfalt im Angebot - Zeitpunkt des Ernährungs angebotes	etc.
Soziale Unterstützung	etc.	etc.	etc.
etc.			

Abb. 1.2 Gesundheitschancen, Merkmale, Kriterien, Messgrößen

Eine typische Anzahl von Gesundheitschancen liegt zwischen 15–25. Der Status der fest-gelegten Gesundheitschancen, Merkmale und Kriterien wird von speziell ausgebildeten internen Auditoren prozessbezogen ermittelt. Alle Prozesse eines Unternehmens (einer Unternehmenseinheit/eines Standortes) werden mittels einer Stichprobe von Mitarbeitern analysiert, um ein möglichst repräsentatives Bild zu erhalten. Bei der Durchführung dieser Analyse hinterfragen die Auditoren mittels offener Fragestellungen den Umsetzungsgrad sowie die Bedeutung der Gesundheitschancen im zu auditierenden Prozess. Die Audit-durchführung orientiert sich dabei z. B. am international anerkannten Audit-Leitfaden ISO 19011 [22]. Dass in diesen Interviews unter der Überschrift: „Was uns gesund erhält!" äußerste Diskretion und Vertraulichkeit gewährleistet sein muss und keine arbeitnehmer-bezogenen Daten erhoben werden, ist sicherlich nicht besonders hervorzuheben. Primär geht es dabei um die Identifizierung von Gesundheitschancen und Handlungsprioritäten, die ein hohes Potenzial an Verbesserungsmöglichkeiten im Unternehmen bieten. Ziel ist, die individuellen Ressourcen und Potenziale zu stärken und die Arbeitszufriedenheit und Leistungsfähigkeit zu fördern.

Im Anschluss an das durchgeführte Audit bewerten die internen Auditoren anhand der Kriterien den Umsetzungsgrad und die Bedeutung der Merkmale jeder Gesundheitschance und ermitteln daraus die sogenannte „Handlungspriorität" nach einem zuvor festgelegten Algorithmus. In unserem Fall wurde folgender Algorithmus (ähnlich der FMEA – Failure Mode and Effect Analysis) zugrunde gelegt:

▶   Handlungspriorität = Bedeutung × Umsetzungsgrad

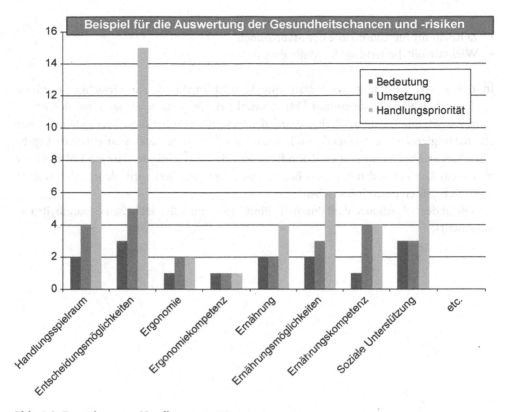

Abb. 1.3 Ermittlung von Handlungsprioritäten

Hierbei werden der Umsetzungsgrad und die Bedeutung der Merkmale der Gesundheitschancen jeweils mit Punkten bewertet (siehe Abb. 1.2). Die zahlenmäßig höchsten Handlungsprioritäten (Produkt aus Umsetzungsgrad und Bedeutung), sind diejenigen Gesundheitschancen, die am schwächsten ausgeprägt sind und bei denen sich Verbesserungsmaßnahmen am stärksten auf das Wohlbefinden und die Leistungsfähigkeit der Mitarbeiter auswirken werden. Abb. 1.3

Für Gesundheitschancen mit hoher Handlungspriorität sind in einem weiteren Schritt wirksame Verbesserungsmaßnahmen abzuleiten. Dabei ist es wichtig, dass Mitarbeiter und Führungskräfte aus dem analysierten Prozess in Form eines kurzen Workshops in Teamarbeit (möglichst unter Mitwirkung eines neutralen Moderators) die folgenden Aktivitäten durchführen:

- Ermittlung der Ursachen für die Schwachstellen der jeweiligen Gesundheitschance
- Priorisierung der Ursachen
- Definition von Maßnahmen, die den priorisierten Ursachen entgegenwirken
- Konsens aller beteiligten Stakeholder bezüglich der definierten Maßnahmen

- Definition von Verantwortlichkeiten für die Umsetzung der Maßnahmen
- Zeitplan für die Umsetzung der Maßnahmen
- Wirksamkeitsbewertung der Maßnahmen

In der Praxis wird hier am besten eine Standardmethodik zur Ursachenermittlung (z. B. nach Ishikawa) angewandt [24]. Sowohl bei der Analyse als auch bei der Ableitung von Maßnahmen zur Verbesserung der Gesundheit führt diese Methode nicht nur alle Beteiligten zu einem tragfähigen Konsens, sondern bringt auch sehr effiziente Ergebnisse hervor Abb. 14.2. Bei aller Methodik ist jedoch das Wichtigste, dass jeder Mitarbeiter in seinem Umfeld und mit seinen Bedürfnissen wertgeschätzt wird, denn jeder möchte eigentlich „einen guten Job machen".

Soweit der Schnelldurchlauf durch die Einführung eines Betrieblichen Gesundheitsmanagements.

Das gesunde Unternehmen

2

Zusammenfassung

In den Wirtschaftszeitungen werden gemeinhin Unternehmen dann als „gesund" bezeichnet, wenn ihre wirtschaftlichen KPIs (i.e. Key Performance Indicator) in Richtung Profit und Wachstum zeigen. In neuester Zeit werden auch Adjektive wie „nachhaltig", „innovativ" und „dynamisch" verwendet, wenn über gesunde Unternehmen berichtet wird. Im nachstehenden Kapitel wird erläutert, dass zu einem gesunden Unternehmen mehr gehört als im Einklang mit solchen betriebswirtschaftlichen Theorien und Strömungen zu stehen. Es ist auch „zu kurz gesprungen", wenn man glaubt, ein Unternehmen sei gesund, wenn jeder einzelne Mitarbeiter gesund und leistungsfähig ist. Wirtschaftlich stabil im Markt bestehen zu können oder gar die Marktführerrolle zu spielen, erfordert mehr.

Bei den grundsätzlichen Festlegungen im Arbeitskreis der DIN SPEC 91020 wurde zunächst eine Definition von Gesundheit gesucht, die sowohl die privaten als auch die betrieblichen Aspekte von Gesundheit beschreibt Abb. 2.1.

Die World Health Organisation (WHO) hat dabei eine Beschreibung geliefert: Gesundheit ist mehr als die Abwesenheit von Krankheit, sie ist vielmehr ein Zustand vollständigen körperlichen, seelischen und sozialen Wohlbefindens [4]. Im alltäglichen Berufsleben ist es formal sehr einfach festzustellen, dass ein Mitarbeiter krank ist: er legt eine Arbeitsunfähigkeitsbescheinigung vor. Mit diesem Verwaltungsakt ist er von seiner Pflicht zur Arbeit so lange entbunden wie der Arzt die Dauer der Erkrankung oder – positiv ausgedrückt – die Dauer der Genesung prognostiziert.

Im Umkehrschluss könnte man nun folgerichtig feststellen: Wenn keine Arbeitsunfähigkeitsbescheinigung vorliegt, ist der Mitarbeiter gesund. Das wäre zu einfach! Denn dazu sagt die Definition der WHO etwas Anderes: Gesundheit ist „ein Zustand vollständigen körperlichen, seelischen und sozialen Wohlbefindens". Fragt man, wer nach dieser Definition wirklich gesund ist, so verhindert schon das Wörtchen „vollständig", dass sich auf

M. Kaminski, *Betriebliches Gesundheitsmanagement für die Praxis*,
DOI 10.1007/978-3-658-01274-8_2, © Springer Fachmedien Wiesbaden 2013

Abb. 2.1 Definition von
Gesundheit

Die Gesundheit eines Mitarbeiters ist mehr, als nicht krank zu sein.

1948 definierte die World Health Organisation WHO:

„Gesundheit ist ein Zustand völligen psychischen, physischen und sozialen Wohlbefindens und nicht nur das Freisein von Krankheit und Gebrechen. Sich des bestmöglichen Gesundheitszustandes zu erfreuen ist ein Grundrecht jedes Menschen…"

diese Frage allzu viele mit Handzeichen melden. Jeder befindet sich irgendwo zwischen ganz gesund oder ganz krank. In diesem Sinne formuliert die Gesundheitsdefinition also eher ein Ziel als einen Zustand und ist damit als Grundlage für ein Managementsystem gut geeignet. Denn Wesen eines Managementsystems ist es, in einem kontinuierlichen Optimierungsprozess auf ein Ziel hinzuarbeiten, wohlwissend, dass der aktuelle Zustand immer verbessert werden kann.

Stellen wir also fest, dass „vollständige" Gesundheit eine Art Utopie ist, Krankheit jedoch klar mit dem Fehlen am Arbeitsplatz, dem Absentismus, verbunden ist. Fundierte Zahlen dazu findet man zum Beispiel im jährlichen Fehlzeiten-Report des Wissenschaftlichen Instituts der AOK [5]. Dass die Statistiken des Absentismus in einem Unternehmen lediglich die „Spitze des Eisbergs" darstellen, ist sehr schnell klar.

Im betrieblichen Alltag stellt sich nämlich für sehr viele Mitarbeiter aus den unterschiedlichsten Beweggründen, die hier zunächst nicht besprochen werden sollen, die Frage: „Bin ich so krank, dass ich fehlen muss?" oder „Bin ich noch so gesund, dass ich weiter arbeiten kann?". Letzteres wird mit dem Begriff Präsentismus bezeichnet. In verschiedenen Studien wurde der Frage nach den Folgen des Präsentismus nachgegangen, besonders jedoch der Frage, wie sich nicht vollständig gesunde – und dadurch in ihrer Arbeitsleitung eingeschränkte – Mitarbeiter auf die Produktivität des Unternehmens auswirken und welche möglichen Kosten dadurch verursacht werden [8] [6]. Die Tendenz der Aussagen bleibt gleich: Der Präsentismus ist der maßgebliche Produktivitätsräuber. Abb. 2.2.

Die Studie zeigt, dass sowohl körperliche als auch psychische Ursachen die Effektivität und vor allem die Effizienz in Unternehmen beeinträchtigen [6]. In allen Bargraphs ist zu bemerken, dass die Mitarbeiter, die ihre „Krankheit am Arbeitsplatz ausheilen" und trotz Unwohlseins „ihren Mann stehen" mit vermeintlichem „hohen Engagement" die Produktivität des Unternehmens negativer beeinflussen als diejenigen, die zuhause bleiben. Besonders ist zu vermerken, dass die größten „Produktivitätsräuber" bei Krankheiten mit teils psychischen Ursachen zu finden sind: Rückenschmerzen, Verdauung und Stress. Soweit die qualitative Betrachtung des Präsentismus.

Quantitative Hinweise, mit denen man die Aufmerksamkeit der Betriebswirtschaftler in Unternehmen wecken kann, sind in Abb. 2.3 dargestellt.

Bereits im Jahr 2007 wurde von Badura/Baase [6] ermittelt, dass die Kosten für die Fehlzeiten und die ärztliche Betreuung nur ein Bruchteil der Kosten sind, die kranke Mitarbeiter

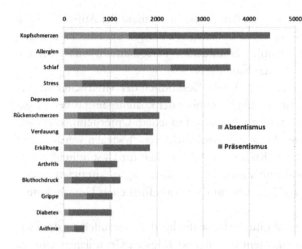

Die Fehlzeiten (= Absentismus) der Unternehmen zeigen nur die „Spitze des Eisbergs".

Viele Mitarbeiter am Arbeitsplatz sind jedoch nicht 100% arbeitsfähig (= Präsentismus), sondern leiden an z.B. Kopfschmerzen, Stress, Rückenschmerzen, Bluthochdruck, Diabetes...

Die Ursachen dafür zu bekämpfen, erhöht die Produktivität im Unternehmen.

Abb. 2.2 Produktivitätsräuber

Chronische Krankheit	Durchschnittliche Kosten (in US-Dollar) durch		
	Medizinische Behandlung	Absentismus	Präsentismus
Allergie	1442	377	5129
Arthritis	2623	441	6095
Asthma	1782	383	5661
Rücken-/Nackenschmerzen	2249	839	6879
Atemwegserkrankungen	2274	2446	7663
Depressionen	2017	1525	15322
Diabetes	3663	514	5414
Herz-Kreislauf-Erkrankungen	2531	613	6207
Migräne/ chronische Kopfschmerzen	1689	945	6603
Magen-Darm-Beschwerden	2585	800	679

Die Ergebnisse einer Studie in den USA zeigen, dass die Kosten durch „kranke" Mitarbeiter am Arbeitsplatz (= Präsentismus) die Kosten der Fehlzeiten um ein Vielfaches übersteigen.

Quelle: Baase aus Fehlzeiten Report 2007

Abb. 2.3 Kosten des Präsentismus

durch eingeschränkte Arbeitsfähigkeit am Arbeitsplatz verursachen. Dass überhaupt Kosten für Präsentismus genannt werden, ist erstaunlich, da diese Kosten naturgemäß sehr schwer zu ermitteln sind. Wenn hier die Quelle „USA" angegeben ist, so könnte vermutet werden, dass die Erhebung der Werte auf den allgemein lockereren Umgang mit Daten zurückzuführen ist. Aber selbst wenn die genauen Zahlenwerte in Frage gestellt werden, so ist doch die Größenordnung und die Relation der Werte untereinander plausibel und nachvollziehbar.

Wie kann nun diese Aufstellung verwendet werden?

Verwegen ist es, daraus abzuleiten, dass ein Betriebliches Gesundheitsmanagement, das die Verringerung des Präsentismus als Hauptziel festlegt, 5-mal so viel Kosten einspart (siehe die Zeile „Depression") wie an medizinischen Kosten und Kosten für Fehlzeiten derzeit ausgegeben wird.

Ebenso fatal ist, auf Basis dieser Werte einen Return-on-Investment der Aufwendungen für ein Betriebliches Gesundheitsmanagement festzulegen oder gar eine Rechtfertigung für die neue Organisation und den damit verbundenen Personalmehrbedarf für ein Betriebliches Gesundheitsmanagement aufzubauen.

Geeignet ist diese Übersicht, um zu zeigen, dass die Gesundheit der Mitarbeiter am Arbeitsplatz einen quantifizierbaren Mehrwert hat gegenüber der kostenmäßig (über-)organiserten Heilung von Krankheiten. Dass dieser Mehrwert in jedem Unternehmen ein anderer ist und sich erst langfristig einstellt, sollte dabei nicht verschwiegen werden. Auf alle Fälle lohnt es sich aber, eher in eine „Kultur der Achtsamkeit für Gesundheit" [7] zu investieren als die Arbeitsleistung kränkelnder Mitarbeiter vollständig auszunutzen. In diesem Sinne hat die Fehlzeitenanalyse als Kennzahl für die Gesundheit eines Unternehmens eigentlich ausgedient.

Die Wirksamkeit dieser „Gesundheitskultur" wird später bei der Formulierung der Ziele für ein Betriebliches Gesundheitsmanagement eine der wichtigsten Grundlagen sein. Es wird gezeigt, wie in einer Win-win-Situation mit einfachen Mitteln zu erreichen ist, dass sich sowohl das Wohlbefinden der Mitarbeiter als auch die Produktivität der Organisation erhöhen.

Dass Gesundheit sowohl die Physis als auch die Psyche betrifft, ist trivial und wird weltweit in allen Kulturen von alters her anerkannt. Die Erkenntnis, dass Gesundheit vom sozialen Wohlbefinden abhängt, gewinnt jedoch erst seit relativ kurzer Zeit rasch an wachsender Bedeutung. Mit der ständig zunehmenden Komplexität des Alltags- und Berufslebens gerät der Einzelne sehr schnell an seine Grenzen: entweder seines Wissens, seiner Kompetenz oder seiner Einflussmöglichkeiten. Er ist auf ein funktionierendes Netzwerk aus Freunden, Partnern und Vertrauten angewiesen, um seinen Lebens- oder Berufsweg zu gestalten. Erst in dieser vertrauensvoll zusammenarbeitenden Gemeinschaft entsteht soziales Wohlbefinden, denn private oder betriebliche Vereinsamung ist ein schlimmes Los. In den Anforderungen an ein Betriebliches Gesundheitsmanagement nach DIN SPEC 91020 wird der sozialen Vernetzung der Mitarbeiter untereinander sehr intensiv Rechnung getragen, ist doch einer der Protagonisten der DIN SPEC 91020 der Social Capital and Occupational Health Standard SCOHS [2]. In den Untersuchungen der Universität Bielefeld wird nachgewiesen, dass die Arbeitsbedingungen in Zusammenhang mit der Gesundheit der Mitarbeiter stehen: Je besser die Arbeitsbedingungen von den Beschäftigten bewertet werden (wie Partizipationsmöglichkeiten, Sinnhaftigkeit der Aufgabe, Zufriedenheit mit den organisatorischen Rahmenbedingungen), umso weniger sind die Mitarbeiterinnen und Mitarbeiter von psychosomatischen Beschwerden betroffen [1].

In Mitarbeiterbefragungen der Universität Bielefeld [1] wurden klare Korrelationen zwischen den sozialen Vernetzungen in einem Unternehmen und der Mitarbeiterzufriedenheit und der Produktivität statistisch belegt und die Wichtigkeit von Teams nachgewiesen.

In Abb. 2.4 sind die Ergebnisse dieser Untersuchung dargestellt, die für die Formulierung der Anforderungen in der DIN SPEC 91020 wichtig sind. Im ersten Bild wird eine Korrelation zwischen dem Ausmaß des Zusammengehörigkeitsgefühls und der subjektiven Arbeitsfähigkeit gezeigt. Zusammengehörigkeit in einem Team ist mehr

**Die statistischen Ergebnisse der Universität Bielefeld bestätigen die Wichtigkeit von „Teams"
und „Kultur" in einem Unternehmen. In einem gesunden Unternehmen sind Leitung und
Führungskräfte Vorbilder.**

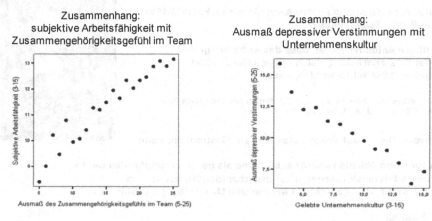

Abb. 2.4 Die Wichtigkeit von Teams und Unternehmenskultur (Quelle: Badura et al, 2008,
Sozialkapital [1])

als die arbeitstechnischen Verknüpfungen der Teammitglieder untereinander oder die
zwischenmenschlichen Verbindungen, die sich durch unterschiedliche Qualifikation und
Kompetenz grundsätzlich in einer Arbeitsgruppe ganz natürlich ergeben. Zusammengehörigkeit entsteht durch eine Vertrauensbasis und durch das Bewusstsein, sich auf den
anderen, sein Reden und Handeln verlassen zu können. Belegt ist daher, dass ein Team
mit solch einem starken Zusammengehörigkeitsgefühl bei der Befragung subjektiv aus-
sagt, arbeitsfähiger und erfolgreicher zu sein als ein Team, das zum Beispiel mit „Dienst
nach Vorschrift" und formalen Auftrags- und Kontrollverfahren sein Projekt „wie immer"
bearbeitet.

Es gibt kein größeres Unternehmen mehr, das ohne Hochglanzbroschüren oder Inter-
netauftritt auskommt, in denen die Vision, Mission, Werte und Markenpolitik etc. mehr
oder wenig blumig und verständlich beschrieben sind. Diese Beschreibungen der Unternehmenskultur sind Grundpfeiler für das Zusammengehörigkeitsgefühl der Mitarbeiter.
Sie geben Orientierung und sind neben erfolgreichen Produkten und Dienstleistungen eine
wesentliche Quelle von Solidarität mit und Stolz auf das Unternehmen. Deshalb ist es auch
so verhängnisvoll, wenn eine Vision nur auf dem Papier steht und nicht von denjenigen,
die diese Orientierung geben, vorgelebt wird.

Der zweite Graph der Abb. 2.4 zeigt eine besondere Wirkung von gelebter Unternehmenskultur auf: die depressiven Verstimmungen der Mitarbeiter ist geringer, wenn
Mitarbeiter die Vorbildfunktion der Unternehmensleitung wahrnehmen. Verwerfungen
oder Ungereimtheiten zwischen geschriebener oder gesprochener Unternehmenspolitik
und dem aktiven Handeln oder Kommunizieren der Chefs erzeugt zumindest Diskussionen in der Belegschaft, die Zeit verbrauchen, in der eigentlich produktiv gearbeitet werden
könnte. Dass sich daraus sehr schnell und folgerichtig Demotivation und Depression
ergeben kann, bedarf keiner großen Phantasie.

Salutogenese

Die soziologische Grundlage liefert Aaron Antonovsky (1923-1994) mit seinem Buch „Salutogenese":

Die Hauptthese Antonovskys ist, dass das Kohärenzgefühl als Kern der Frage nach der Entstehung von Gesundheit (= Salutogenese) betrachtet werden muss.

Unter „Kohärenzgefühl" versteht man das Empfinden des Zusammenhanges mit der Welt: Wie fühle ich mich ihr zugehörig?

Seine Antwort: Man ist auf einem guten Weg zur Gesundheit, wenn ...

- **Handlungen und Abläufe *verstehbar* sind und als *geordnet* empfunden werden**
- **Aufgaben und Herausforderungen als *machbar* identifiziert werden**
- **Aktionen als *bedeutsam* anerkannt werden und Motivation geschöpft wird**

Abb. 2.5 Salutogenese

In der DIN SPEC 91020 wird daher in den Kapiteln „Umfeld der Organisation" und „Führungsverhalten" die Wichtigkeit der Salutogenese (siehe dazu auch Abb. 2.5) und die Rolle der Führungskräfte sehr ausführlich behandelt.

Aaron Antonovsky hat in seinem Buch „Salutogenese" [9] (lat.: salus Gesundheit, Wohlergehen, grch.: genesis Entstehung, Schöpfung) beschrieben, wie in Organisationen Gesundheit „entstehen" kann. Als gelernter Soziologe hat Antonovsky dabei selbstverständlich sein Augenmerk auf die Gesundheitsaspekte im Zusammenleben der Mitarbeiter im Unternehmen gerichtet. Mit seinem sehr eindringlichen Beispiel aus der Zeit der Konzentrationslager leitet er seine These ab, dass das sogenannte Kohärenzgefühl einen wesentlichen Beitrag leistet, ob ein Mensch gesundheitsförderlich agiert und letztendlich erfolgreich ist oder in einer Negativ-Spirale an den Unbilden seines Leben untergeht. Das Kohärenzgefühl ist das Empfinden der eigenen Verknüpfungen mit der Welt, es sagt uns: „Fühle ich mich dieser Welt, dieser Umgebung, diesem Unternehmen zugehörig? Bin ich damit vertraut?"

Er postuliert, dass man auf einem guten Weg in Richtung Gesundheit ist, also salutogen handelt,

- wenn die Handlungen und Abläufe verstehbar sind und als geordnet empfunden werden,
- Aufgaben und Herausforderungen als machbar identifiziert werden,
- Aktionen als bedeutsam und sinnhaft erkannt werden.

Die Bedeutung dieser These ist auch für Unternehmen schnell nachvollziehbar, wenn man Beispiele aus der eigenen Erfahrung hinsichtlich Motivation und Frust, Lob und Tadel in unserem Arbeitsleben, Teamerfolg und Teamscheitern an seinem inneren Auge vorbeiziehen lässt.

Der Mensch ist ein zoon politikon

Wenn man mit Mitarbeitern nicht richtig umgeht, finden sie immer einen Weg …

… an Vorgesetztenanordnungen vorbeizuarbeiten.
… auf Kollegen herumzuhacken.
… klar beschriebene Prozesse zu hintergehen.
… Information zurückzuhalten und sich zurückzulehnen.
… krank zu werden oder vorzugeben krank zu sein
… das Unternehmen zu verlassen.
… geistiges Eigentum undKnow-how mitzunehmen.

Ein Schlüsselbegriff für den Erfolg = Social Capital

Abb. 2.6 Schlüsselbegriff „Social Capital"

Für die DIN SPEC 91020 ist die Salutogenese ein sehr wichtiger Baustein, da das beschriebene Betriebliche Gesundheitsmanagement weit über die bekannten gesundheitsfördernden Maßnahmen hinausgeht. Die Gesunderhaltung der Mitarbeiter ist für ein Unternehmen zwar eine notwendige Maßnahme, jedoch die Anerkennung des Menschen als „Zoon politikon", d. h. „als soziales, politisches Wesen" [9] im Unternehmen ist erst die hinreichende salutogene Herausforderung.

Mit der Abb. 2.6 kann man eine kleine Übung mit sich oder den nächsten Kollegen machen, die möglicherweise zu erstaunlichen Ergebnissen führt, wenn man sich traut ehrlich zu sein. Man stelle (sich) also die Fragen:

• Arbeiten wir an Anordnungen der Vorgesetzten vorbei?
• Hacken wir – wenn auch „im Spaß" – auf Kollegen herum?
• Hintergehen wir beschriebene Prozesse?
• Halten wir Informationen zurück?
• „Lehnen wir uns bewusst zurück", so dass der Kollege „ins offene Messer läuft"?

Wenn man nur eine dieser Fragen mit „ja" beantwortet, weiß man wenigstens einen Grund, warum in diesem Unternehmen Mitarbeiter krank werden oder vorgeben krank zu sein, das Unternehmen verlassen oder gar geistiges Eigentum oder Know-how zur Konkurrenz mitnehmen. Werden diese Fragen mit „nein" beantwortet, so kann sich dieses Unternehmen glücklich schätzen, viel „Social Capital" [1] zu besitzen.

Im Social Capital and Occupational Health Standard SCOHS [2] ist der Begriff „Social Capital" definiert: "Das soziale Vermögen einer Organisation, mit anderen Worten ihr Social Capital, besteht aus der Qualität, dem Umfang und der Reichweite zwischenmenschlicher Beziehungen (soziale Netzwerke), aus dem Vorrat gemeinsamer Überzeugungen, Werten und Regeln (Kultur), sowie aus der Qualität zielorientierter

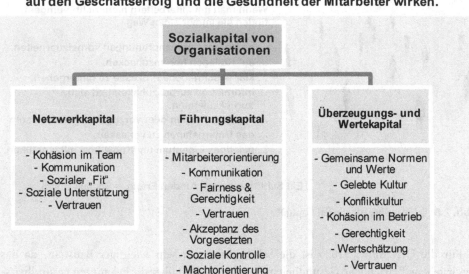

Abb. 2.7 Inhalte von „Social Capital"

Koordination (Führung). Das Social Capital trägt dazu bei, dass die Mitglieder einer Organisation einander vertrauen und ihre Arbeit als sinnhaft, verständlich und beeinflussbar erleben." Mit dieser Beschreibung ist leicht zu erkennen, dass Social Capital und Salutogenese die zwei Seiten ein und derselben Medaille sind. Ein Betriebliches Gesundheitsmanagement hebt sich erst dann von den gängigen Gesundheitsfördermaßnahmen ab, wenn sich ein Unternehmen zum Ziel setzt, Social Capital zu besitzen.

In Abb. 2.7 ist detailliert, dass Social Capital auf drei Säulen fußt: dem Netzwerkkapital, dem Führungskapital und dem Überzeugungs- und Wertekapital [1].

Das Netzwerkkapital behandelt die Teambildung in einem Unternehmen. Bereits in den Untersuchungen der Universität Bielefeld Abb. 2.4 wurde statistisch nachgewiesen, welch große Bedeutung der Zusammenhalt in einem Team auf die Gesundheit der Mitarbeiter und den Erfolg bei der Arbeit hat. Betrachtet man Mitarbeiterbefragungen von großen Unternehmen, so rangiert dort immer mangelnder Informationsfluss an einer der ersten Stellen. Möchte man diesen Mangel beheben und fragt dazu bei den Mitarbeitern genauer nach, welche Informationen fehlen, so erhält man meist diffuse Angaben. Es stellt sich jedoch heraus, dass die zur Aufgabenbearbeitung notwendigen Informationen vollständig vorhanden sind. In den letzten Jahren wird sogar gesagt, dass die Mitarbeiter unter zu vielen Informationen leiden und versuchen, sich dem erhöhten Handlungsdruck durch Mobiltelefone und der oft genannten E-Mail-Flut zu entziehen. Man sieht also, mangelnder Informationsfluss ist nicht das Problem, sondern die richtige Kommunikation. Man kann aus eigener Erfahrung nachvollziehen, dass Informationen in einem Netzwerk erst dann gewinnbringende Wirkung entfalten, wenn das Team zur Kommunikation bereit ist. Erst dann werden Informationen empfangen, bewertet, verarbeitet und an die richtigen Adressen weitergesandt. Vertrauen und soziale Unterstützung sind dabei die wichtigsten Komponenten.

Führungskapital besitzt ein Unternehmen, das den Mitarbeiter in den Mittelpunkt stellt und mit Fairness und Gerechtigkeit eine Vertrauensbasis erarbeitet, auf der die Führungskräfte ihr tägliches Bemühen um Akzeptanz aufbauen können. Natürlich helfen festgelegte Prozesse und Verfahrensanweisungen den Führungskräften, Abläufe und Qualität bei der Produktherstellung sicherzustellen, Disziplin zu erreichen und Kontrollen durchzuführen. „Dienst nach Vorschrift" oder die Aussage: „. . . das ist eine Anordnung von oben" sind jedoch die ersten Anzeichen, dass in Sachen Führungskapital Handlungsbedarf besteht. In allen Führungsebenen wird Verantwortung erst übernommen und motivierend weitergetragen, wenn die soziale Komponente innerhalb der Ebene stimmt und Machtverhältnisse zwischen den Ebenen in offener Kommunikation gelebt werden. Deshalb werden zumindest in weltweit agierenden Unternehmen die Stichworte „Integrität" oder „Compliance" zu den wichtigsten Werten erhoben.

Das Überzeugungs- und Wertekapital entsteht in einem Unternehmen nicht, wenn die Werte auf eine Seite Papier geschrieben werden und jeder davon Kenntnis erhält. Wird in einem Unternehmen z. B. der sehr emotionale Begriff „Begeisterung" oder englisch „passion" als Wert postuliert, so erreicht er erst dann die Mitarbeiter, wenn sie tatsächlich jeden Tag an Produkten oder Dienstleistungen mitarbeiten, die am Markt auch wirklich Begeisterung auslösen. Wenn diese Kopplung zwischen Begriff und Wirklichkeit überzeugend entsteht, werden Normen und Werte nicht als einengend, sondern als sinnstiftend erlebt und erzeugen eine besondere Kohäsion im Betrieb.

Eine Sonderstellung nimmt die Konfliktkultur ein, da sie einen besonders hohen Grad an Wertschätzung und Vertrauen bei allen Beteiligten voraussetzt. Dabei ist es nicht hinreichend, dass es Normen und Regeln als Messlatten für „gut" und „böse" oder „richtig" und „falsch" gibt und die gesellschaftlichen Spielregeln im Konflikt eingehalten werden. In einem Unternehmen mit seinen mehr oder weniger ausgeprägten hierarchischen Strukturen kommt es darüber hinaus darauf an, wie mit vermeintlichen Siegern oder Verlierern in einem Konflikt umgegangen wird. Besonders drastische Maßnahmen kann man in Japan erleben, wenn solche Verlierer für alle Kollegen sichtbar zum Hinausschauen einen Arbeitsplatz am Fenster und obendrein keine Aufgaben erhalten, um den Arbeitstag sinnvoll auszufüllen. Dieses Beispiel zeigt auch deutlich auf, dass bei Maßnahmenplanungen die jeweilige Kultur und das Wertesystem einbezogen werden müssen, da in unseren Organisationen die Arbeitsplätze am Fenster eher auf eine Bevorzugung hindeuten. Selbst subtilere Konfliktfolgen werden von den Mitarbeitern sehr genau beobachtet und bestimmen deren zukünftiges Handeln. So birgt die Konfliktkultur in einem Unternehmen ein immenses Potenzial hinsichtlich Gesundheit und Produktivität. Wenn Mitarbeiter einen Konflikt nicht mehr wagen, findet Kreativität sehr schnell enge Grenzen.

Gesundheitsförderung versus Gesundheitsmanagement

3

Zusammenfassung

Besonders in Unternehmen, die bislang noch kein Managementsystem z. B. nach DIN ISO 9001 eingeführt haben, kann es vorkommen, dass täglicher Pragmatismus erste Leitlinie des unternehmerischen Handelns ist. Dabei steht außer Zweifel, dass durch ein Gespür für das richtige Handeln manchmal große wirtschaftliche Erfolge zu erzielen sind. Genauso sind auch einzelne aus akuter Bedarfslage entstandene Gesundheitsfördermaßnahmen manchmal kurzfristig hilfreich, beruhigen die Arbeitnehmervertreter und zeigen der Öffentlichkeit und dem Markt den guten Willen. Jedoch auf einem Weg zu dem oben skizzierten „gesunden Unternehmen" sind sie letztendlich nicht wirklich zielführend. Erst ein konsequent in der Belegschaft und in den Geschäftsprozessen verankertes Betriebliches Gesundheitsmanagement bietet die Möglichkeit für eine nachhaltige Lösung.

Bevor die Unterschiede zwischen der häufig praktizierten Gesundheitsförderung und dem in der DIN SPEC 91020 definierten Gesundheitsmanagement im Detail geklärt werden, sollen die sogenannten „Acht Managementprinzipien" [11], die ein Managementsystem charakterisieren, kurz erläutert werden (Abb. 3.1).

1. Kundenorientierung

Organisationen hängen im Wesentlichen von ihren Kunden ab. Daher sollten sie die gegenwärtigen und zukünftigen Erfordernisse der Kunden verstehen, sie erfüllen und danach streben, die Erwartungen ihrer Kunden – wenigstens ein bisschen – zu übertreffen. Sind die Anforderungen der Kunden ausreichend verfügbar und wird eine, aus Sicht der Kunden zweckdienliche Kommunikation mit den Kunden gepflegt, so sind ein schnelles und flexibles Reagieren auf Marktsituationen, Neukundengewinnung und Kun-

M. Kaminski, *Betriebliches Gesundheitsmanagement für die Praxis*,
DOI 10.1007/978-3-658-01274-8_3, © Springer Fachmedien Wiesbaden 2013

Abb. 3.1 Die 8
Managementprinzipien

> **Die acht Managementprinzipien**
>
> 1. **Kundenorientierung**
>
> 2. **Führung**
>
> 3. **Einbeziehung der Mitarbeiter**
>
> 4. **Prozessorientierter Ansatz**
>
> 5. **Systemorientierter Managementansatz**
>
> 6. **Ständige Verbesserung**
>
> 7. **Sachlicher Ansatz zur Entscheidungsfindung**
>
> 8. **Lieferantenbeziehungen zum gegenseitigen Nutzen**

denbindung leichter möglich. Andererseits werden unnötige Tätigkeiten vermieden, die
der Kunde nicht wahrnimmt und nicht honoriert.

Auch das Gesundheitsmanagement zielt letztendlich auf eine verbesserte Kundenzufriedenheit ab, indem sich gesunde und engagierte Mitarbeiter mit ihrer vollen
Leistungsfähigkeit für die Ermittlung und Umsetzung der Kundenanforderungen einsetzen. Zwischen dem Wohlbefinden der Mitarbeiter und der Kundenzufriedenheit gibt es
diesen direkten Zusammenhang.

2. Führung

Führungskräfte schaffen die Übereinstimmung von Zweck und Ausrichtung der Organisation. Sie sollten das interne Umfeld, die Randbedingungen und die Orientierung schaffen
und erhalten, damit sich Personen voll und ganz für die Erreichung der Ziele der Organisation einsetzen können. Dazu müssen alle Hindernisse, die der Zielerreichung im Wege
stehen, ausgeräumt werden.

Ein Gesundheitsmanagement zielt dabei auf eine Führungskultur, die sich auf gemeinsame Überzeugungen, Werte und Regeln stützt. Gesundheit wird zur Führungsaufgabe,
die in der Zielvereinbarung gleichberechtigt neben den ökonomischen und personellen
Zielen steht.

3. Einbeziehung der Mitarbeiter

Auf allen Ebenen machen Mitarbeiter das Wesen einer Organisation aus. Ihre umfassende
Einbeziehung in die Prozesse, Kommunikation und Entscheidungspfade ermöglicht, ihre
Fähigkeiten zum Nutzen der Organisation einzusetzen.

Durch ein Gesundheitsmanagement werden sowohl das Wissen und die Fähigkeiten
der Mitarbeiter in Bezug auf Gesundheitschancen und -risiken im Arbeitsumfeld erweitert als auch die soziale Vernetzung auf allen Ebenen des Unternehmens gestärkt. Da die

Gesundheit der Mitarbeiter sowohl eine private als auch eine betriebliche Komponente hat, wird durch die aktive Rolle eines Gesundheitsmanagements die Motivation und Verantwortungsbereitschaft wachsen. Die Mitarbeiter fühlen sich wertgeschätzt. Neue Ideen zur Erreichung der Ziele werden eingebracht, eine Verbesserung der Tätigkeiten und des Arbeitsumfeldes finden statt.

4. Prozessorientierter Ansatz

Ein erwünschtes Ergebnis lässt sich nur dann sicher und vorhersagbar erreichen, wenn Tätigkeiten als Prozess geleitet und gelenkt werden. Daher ist es von größter Wichtigkeit, den notwendigen Input für einen Prozess, die Abfolge der Tätigkeiten im Prozess sowie das zu erreichende Prozessergebnis eindeutig festzulegen.

Das Gesundheitsmanagement richtet sich an diesen Geschäftsprozessen aus. Es ist integraler Bestandteil der betrieblichen Prozesslandschaft. Bei der Einrichtung eines Gesundheitsmanagements ist es von grundlegender Bedeutung, dass die zu definierenden Gesundheitschancen und -risiken in den Prozessen des Unternehmens analysiert werden.

5. Systemorientierter Managementansatz

Produkte bzw. Dienstleistungen, die eine Organisation für die Kunden hervorbringt, sind das Ergebnis der wertschöpfenden Prozesse (Kernprozesse) in diesem Unternehmen. Um die Effektivität und die Effizienz der Prozesse zu optimieren, benötigt man Managementprozesse und unterstützende Prozesse. Das Ermitteln, Verstehen, Leiten und Lenken von in Wechselbeziehung stehenden Prozessen nennt man „Systemorientierter Managementansatz". Er trägt zur Wirksamkeit und Effizienz der Organisation beim Erreichen ihrer Ziele bei.

Dies gilt uneingeschränkt auch für die gesundheitsrelevanten Prozesse, die im Gesundheitsmanagement beschrieben werden. Deshalb werden Struktur und grundlegende Verfahren des Gesundheitsmanagements an bekannte Managementsysteme angelehnt. Synergien durch die Nutzung vorhandener Managementsysteme (Umweltmanagement, Qualitätsmanagement, etc.) und erprobte Methoden und Verfahren können und sollten genutzt werden.

In einem Gesundheitsmanagement ist es daher nicht ausreichend, ausschließlich die Gesundheitsziele effizient zu erreichen. Vielmehr ist es wichtig, die Abhängigkeiten zwischen den Prozessen des Gesundheitsmanagements und den weiteren Prozesse zu erkennen und deren Zusammenspiel verlustfrei aufeinander abzustimmen. Dies führt durch Analyse von Gesundheitschancen und -risiken zu funktionsübergreifendem Verstehen von bedarfsorientierten Gesundheits- und Handlungsprioritäten. Für das Gesundheitsmanagement innerhalb der Organisation ist es essentiell, klare Zuständigkeiten sowie Verantwortliche und Beauftragte mit klarer Beschreibung der gesundheitsrelevanten Aufgaben zu benennen.

Abb. 3.2 Der PDCA-Zyklus

6. Ständige Verbesserung

Die ständige Verbesserung der Gesamtleistung der Organisation stellt ein permanentes Ziel
dar. Ebenso muss die Wirksamkeit des Gesundheitsmanagements im Sinne des PDCA-
Zyklus ständig verbessert werden. Das mehrfache Durchlaufen des PDCA-Zyklus ergibt
eigentlich eine Spirale, die sich in Richtung kontinuierlicher Verbesserung der Gesundheit im Unternehmen schraubt. (Entgegen böser Zungen ist der PDCA-Zyklus demnach
kein Hamsterrad!). Diese Schraubenbewegung der kontinuierlichen Verbesserung ist dabei auf die Gesundheitsziele gerichtet, die sich aus der Gesundheitspolitik ableiten. Die
Kenngrößen für Prozesse und Projekte müssen definiert werden, mit denen jeder Ver-
besserungsschritt quantifizierbar nachgewiesen werden kann. In Kap. 17 „Evaluation der
Leistung" werden diese Elemente des Gesundheitsmanagements ausführlich beschrieben
(Abb. 3.2).

7. Sachlicher Ansatz zur Entscheidungsfindung

Wirksame Entscheidungen beruhen auf der Analyse von Daten und Informationen. Im
Betrieblichen Gesundheitsmanagement ist die Erfassung von Daten scheinbar schwierig.
Der Grund dafür ist, dass in den Unternehmen bei der Definition der Gesundheit im Sinne
des Wohlbefindens die Messung des Gesundheitsstatus auf betriebswirtschaftliche Kennzahlen wie z. B. Fehlzeiten oder die Fluktuationsrate reduziert werden. Diese Kennzahlen
stellen jedoch nur die Auswirkungen sehr vieler beeinflussender Faktoren dar. Daher sind
diese Kennzahlen zur Bewertung des Wohlbefindens ungeeignet. Das Wohlbefinden mittels Mitarbeiterbefragung zu erkunden, führt auch nur eingeschränkt zum Ziel, da die
häufige Beantwortung der gleichen Fragen, für Mitarbeiter nicht nur lästig ist, sondern in
fragwürdigen Ergebnissen endet. Im Kap. 14 „Planung" werden Methoden zur Analyse der
Gesundheitschancen und -risiken detailliert vorgestellt, deren Ergebnisse durch faktisch
messbare Kriterien (Kennzahlen) valide genug sind, um als Grundlage für Entscheidungen
herangezogen werden zu können. Im Kap. 14 „Planung" wird die Verknüpfung dieser
Kennzahlen mit den für das Management relevanten, betriebswirtschaftlich Indikatoren
detailliert beschrieben.

8. Lieferantenbeziehungen zum gegenseitigen Nutzen

Eine Organisation und ihre Lieferanten sind voneinander abhängig. Beziehungen zum gegenseitigen Nutzen erhöhen die Wertschöpfungsfähigkeit beider Seiten.

Unternehmen und Lieferanten sind vielfältig miteinander verbunden, nicht nur durch die Beauftragung und Lieferung von Produkten oder Dienstleistungen, sondern auch durch Werte wie Zuverlässigkeit oder Qualität. Es ist allgemein bekannt, dass eine formale Spezifikation allein nicht ausreicht, um ein Produkt fertigen und abliefern zu können. Erst eine vertrauensvolle Kommunikation in der Kunden-Lieferanten-Beziehung führt zu einer langfristigen, gewinnbringenden Geschäftsbeziehung. Auf dieser Ebene spielt sich auch die Verknüpfung der Gesundheitsmanagementsysteme bei Lieferantenbeziehungen ab.

So wie die Führungskräfte eines Unternehmens Vorbildfunktion haben, so hat jedes Unternehmen Vorbildfunktion für seine Lieferanten und umgekehrt. Natürlich kann der Auftraggeber in seiner Produktspezifikation definieren, dass der Lieferant ein funktionierendes Gesundheitsmanagementsystem nachzuweisen hat. Und natürlich kann dieses bei einem Lieferantenaudit auch begutachtet werden. Für den Mitarbeiter nützlich und für den Lieferanten gewinnbringend wird es jedoch erst, wenn es aus eigener Überzeugung des Lieferanten gemäß dem Vorbild seines Auftraggebers betrieben wird. In diesem Sinne ist eine intensive Kommunikation mit dem Lieferanten aufzubauen.

Fasst man die Ableitung der acht Managementprinzipien auf das Gesundheitsmanagement zusammen, so erhält man eine sehr kompakte Definition des Betrieblichen Gesundheitsmanagements nach der DIN SPEC 91020.

▶ Betriebliches Gesundheitsmanagement: Systematische sowie nachhaltige Schaffung und Gestaltung von gesundheitsförderlichen Strukturen und Prozessen einschließlich der Befähigung der Organisationsmitglieder zu einem eigenverantwortlichen, gesundheitsbewussten Verhalten [3].

Diese Definition macht sehr schnell verständlich, dass Betriebliches Gesundheitsmanagement mehr ist als bloß diverse Gesundheitsfördermaßnahmen anzubieten. Erst wenn das Streben nach Gesundheit im Betrieb zur gleichwertigen Aufgabe wie das Streben nach Null-Fehler in der Produktionslinie weiterentwickelt wird, kann man von einem echten Betrieblichen Gesundheitsmanagement sprechen. In Abb. 3.3 sind die Unterschiede von Gesundheitsförderung und Gesundheitsmanagement zusammengefasst.

In einem Vergleich herkömmlicher Gesundheitsförderung mit einem Betrieblichen Gesundheitsmanagement gemäß der DIN SPEC 91020 soll der Nutzen und die bereits schon postulierte Win-win-Situation ausführlich diskutiert werden.

In den Betrieben wird heute bereits eine Vielzahl von präventiven oder spontanen Gesundheitsfördermaßnahmen angeboten, die meist von den Personalbereichen oder Betriebsärzten initiiert und gesteuert werden. Dies sind Einzelaktivitäten oder Kurse, wie zum Beispiel Ernährungsprogramme, Rückenschulen oder Suchtprävention, die teils von Krankenkassen oder Berufsgenossenschaften gesponsert werden. Es gibt Betriebskranken-

Herkömmliche Gesundheitsförderung	Betriebliches Gesundheitsmanagement
▪ Präventive Aktionen ▪ Einzelaktivitäten und Kurse ▪ Angebotspalette teils von Fremdanbietern (Krankenkasse, Berufsgenossenschaft) ▪ Aktionen geraten schnell in Vergessenheit ▪ „Sport machen die Sportlichen" ▪ Keine Einbindung und geringe Akzeptanz bei Führungskräften	▪ Präventiv und ressourcenorientiert ▪ An die Bedürfnisse der Mitarbeiter/des Unternehmens angepasste Programme ▪ Aufeinander abgestimmte Aktivitäten ▪ Einbindung aller Mitarbeiter ▪ Einbindung der Führungskräfte über Verantwortlichkeiten
Kurzzeitiger Aktionismus	**Nachhaltiger Nutzen für Mitarbeiter und Unternehmen**

Abb. 3.3 Die Nachhaltigkeit des Betrieblichen Gesundheitsmanagements

kassen, die sogar Beitragsrückvergütungen in Aussicht stellen, wenn sich Mitarbeiter an solchen Fördermaßnahmen beteiligen. Solche Aktionen geraten jedoch erfahrungsgemäß sehr schnell in Vergessenheit oder führen bei den Mitarbeitern sehr bald zum Überdruss, wenn die Angebote über einen längeren Zeitraum „wie sauer Bier" angeboten werden. Besonders evident ist dieser Effekt bei der Förderung von Fitnessprogrammen, an denen meist nur diejenigen teilnehmen, die sowieso schon sportlich sind und die Förderung als nettes Zusatzeinkommen mitnehmen.

Der wesentliche Nachteil von Gesundheitsfördermaßnahmen ist jedoch, dass sie üblicherweise ein definiertes Ende haben. Selbst wenn man Mitarbeiter motivieren kann, sich an der einen oder anderen Gesundheitsmaßnahme zu beteiligen, findet jede Maßnahme, die zusätzlich zum alltäglichen Geschäftsprozess eingerichtet wird, dann ein Ende, wenn deren Budget aufgebraucht ist .... und der gesund machende Effekt verschwindet mal langsamer, mal schneller.

Durchgängig ist zu beobachten, dass Führungskräfte solche Gesundheitsförderungen nicht als Führungsinstrument einsetzen, sondern als Privatsache der Mitarbeiter betrachten. Erst wenn Gesundheit als eine Führungsaufgabe wie jede Produktionsaufgabe verstanden und umgesetzt wird, erreicht man alle Mitarbeiter eines Unternehmens. Wenn die Gesundheitsziele in die jährlichen Zielvereinbarungen von Führungskräften aufgenommen werden und die Zielerreichung anhand von einigen wenigen Kenngrößen bewertet werden kann, ist der Schritt zum Betrieblichen Gesundheitsmanagement erfolgt.

Zusammenfassend kann also gesagt werden, dass Gesundheitsförderprogramme besser sind als gar keine Gesundheitsförderung, jedoch meistens leider nur kurzzeitigen Aktionismus darstellen. Erst wenn die Gesundheit in die Wertschöpfungskette des Unternehmens integriert ist, kann nachhaltige Gesundheitsverbesserung erzielt werden.

Zu einem Betrieblichen Gesundheitsmanagement nach den Regeln der DIN SPEC 91020 gehören auch präventive und gesundheitsfördernde Maßnahmen, da ein Gesundheitsmanagement nicht die Betriebsärzte oder Krankenkassen ersetzen kann, sondern diese unterstützt. Der wesentliche Unterschied zur Gesundheitsförderung ist, dass die Maßnahmen ressourcenorientiert generiert werden. Die Belegschaft wird nicht nach dem Gießkannenprinzip mit heilbringenden Gesundheitsmaßnahmen angesprochen, die zurzeit kostengünstig oder modern sind. Mittels einer Bedarfsanalyse werden Programme erarbeitet, die vollständig auf die Mitarbeiter, deren Teams und Umfeld ausgerichtet sind, um deren Wohlbefinden zu steigern und deren Aufgabe effizienter zu erledigen. Es werden Gesundheitschancen definiert, daraus Handlungsprioritäten ermittelt, die aufeinander abgestimmt das gesamte Unternehmen betrachten und nicht nur punktuelle Verbesserungen werbewirksam in das Rampenlicht stellen.

Ziele und Nutzen des Betrieblichen Gesundheitsmanagements

Zusammenfassung

Oberstes Ziel eines Betrieblichen Gesundheitsmanagements ist es, die bereits bekannte Win-win-Situation zu erreichen: gesunde Mitarbeiter und gleichzeitig eine Erhöhung der Profitabilität des Unternehmens. Also nützt die Investition in ein Betriebliches Gesundheitsmanagement nicht nur den Mitarbeitern, sondern auch der Marke, den Produkten und der Wettbewerbsfähigkeit. Zwar wird sich dieser Erfolg nicht in den ersten Quartalszahlen nach dem Einführungsbeschluss des Top-Managements einstellen. Doch bei welcher seriösen Investition ist der Break-even-Point schon innerhalb von 3 Monaten erreicht?

Zweifelsohne liegt der größte Nutzen darin, dass durch die Umsetzung eines Betrieblichen Gesundheitsmanagements mit großer Treffsicherheit eine Steigerung des Wohlbefindens der Mitarbeiter erreicht wird. Die Mitarbeiter engagieren sich während der Arbeit. Sie sind stolz darauf, in „ihrem" Unternehmen zu arbeiten. Dies führt zum Abbau der sogenannten Frühindikatoren wie Frustration, Demotivation, Burn-out etc. und damit zur Senkung von Fehlzeiten, Unfällen und zur Steigerung der Produktivität. Die Mitarbeiter sind leistungsbereiter und tragen so zum Unternehmenserfolg bei (siehe auch Kap. 1 „Einleitung").

Um die Ziele des Betrieblichen Gesundheitsmanagements detailliert zu erarbeiten, werden die Definitionen von Gesundheit und Gesundheitsmanagement nochmals wiederholt. Die World Health Organisation (WHO) [4] beschreibt ganz allgemein:

▶ „Gesundheit ist mehr als die Abwesenheit von Krankheit, sondern ein Zustand vollständigen körperlichen, seelischen und sozialen Wohlbefindens."

Abb. 4.1 Das Spannungsfeld des Betrieblichen Gesundheitsmanagements (Quelle: Badura, Vortrag Köln 2009)

Die DIN SPEC 91020 spezifiziert betriebliches Gesundheitsmanagement [3]:

▶   „Betriebliches Gesundheitsmanagement: systematische sowie nachhaltige Schaffung und Gestaltung von gesundheitsförderlichen Strukturen und Prozessen einschließlich der Befähigung der Organisationsmitglieder zu einem eigenverantwortlichen, gesundheitsbewussten Verhalten".

In dieser Zusammenstellung ist zu erkennen, dass die Gesundheit sowohl im privaten als auch im betrieblichen Umfeld ein Zustand ist, der nicht a priori oder schicksalhaft gegeben vom Himmel fällt oder per Dekret angeordnet werden kann. Gesundheit im Unternehmen entsteht und muss jeden Tag analysiert, adressiert und verbessert werden. Führungskräfte und Mitarbeiter müssen sich dieser Aufgabe und Verantwortung bewusst sein und diese qualifiziert bearbeiten. Natürlich gibt es auch Schicksale wie z. B. Tumorerkrankungen, denen man weder auf der persönlichen noch dem betrieblichen Umfeld präventiv begegnen kann.

Es ist ein komplexes Spannungsfeld, in dem ein Betriebliches Gesundheitsmanagement agiert (Abb. 4.1).

In der einen Dimension wird dieses Spannungsfeld zwischen den Begriffen Pathogenese und Salutogenese aufgezeigt, in der anderen zwischen den Begriffen Person und Organisation. Ziel ist es also ein Optimum zu finden, das krank machende Faktoren im Unternehmen vermeidet und gesund machende fördert, wobei sowohl das persönliche Wohlergehen der Mitarbeiter als auch die Ertragslage und Zukunftsfähigkeit des Unternehmens verbessert werden soll.

Pathogene Risikofaktoren der einzelnen Mitarbeiter, wie zum Beispiel Bewegungsmangel, Fehlernährung oder übermäßiger Alkoholkonsum mittels Maßnahmen eines Betrieblichen Gesundheitsmanagements konsequent zu verringern, trifft im täglichen Leben sehr schnell auf Grenzen, wenn Arbeitsbedingungen, soziale Netzwerke, Führungs-

und Unternehmenskultur vernachlässigt sind. Nur wenn die Mitarbeiter das berufliche und das private Leben wieder näher zusammenführen, ist es möglich, dass die heutige Kluft zwischen Mitarbeiter und Unternehmen durch eine Vertrauensbasis überwunden wird. Wenn alle Mitarbeiter nach Durchschreiten des Werkstors von 8:00 bis 17:00 Uhr beständig Dienst nach Vorschrift machen, die Gesundheitsaspekte ihres Berufs auf die Bestimmungen des Arbeitsschutzes im Rahmen der Gefährdungsanalyse reduzieren und sich erst nach Verlassen des Unternehmensgeländes um die persönliche Gesundheit kümmern, wird das Ziel schwer zu erreichen sein. Der Mitarbeiter ist selbst in der Verantwortung, sich um sein Wohlergehen zu kümmern. Er kann diese Verantwortung nicht auf das Unternehmen oder gar den Hausarzt übertragen und sich bequem zurücklehnen nach dem Motto: „die anderen machen das ja schon".

Anerkennung, Sinnstiftung und Qualifikation sind salutogene Faktoren, die ohne nennenswerte Investitionen das persönliche Wohlergehen und die Freude an der Arbeit eines jeden Mitarbeiters beeinflussen. Nicht umsonst „wächst man über sich hinaus", wenn ein Lob über ein Zwischenergebnis zur richtigen Zeit und im richtigen Umfang ausgesprochen wird und damit den nächsten Projektschritt beflügelt. Diese persönliche Zufriedenheit ist es, die pathogenen Risiken in der Organisation jegliche Basis entzieht. Es ist schwer vorstellbar, dass sich Mobbing, Burn-out oder gar innere Kündigung in einem Team breit machen, das sich mit Selbstvertrauen den Herausforderungen der betrieblichen Aufgaben stellt.

Jedes Unternehmen, welches periodisch Mitarbeiterbefragungen durchführt, kann aus deren Ergebnissen seinen Status quo in diesem Spannungsfeld grob bestimmen. Erst eine detaillierte Analyse (siehe dazu Kap. 14 „Planung") zeigt, mit welchen Maßnahmen in welchen Bereichen oder Teams effiziente Verbesserungen möglich sind. Den Zielpunkt des Betrieblichen Gesundheitsmanagements festzulegen ist eine strategische Aufgabe, die durch eine von der Geschäftsleitung festgelegte Gesundheitspolitik und einen in die Geschäftsprozesse integrierten Gesundheitsprozess erledigt werden kann.

In Abb. 4.2 ist die Wirkungsweise des Betrieblichen Gesundheitsmanagements zusammengefasst. Fokussiert man sich zunächst auf die organisationsbezogenen Möglichkeiten zur Verbesserung der Gesundheit im Unternehmen, so können gemeinsame Werte und Regeln, die Optimierung sozialer Beziehungen und eine mitarbeiterorientierte Führungskultur Mittel der Wahl sein. So leicht und einsichtig diese Schlagworte formuliert sind, so schwierig können sie umzusetzen sein, wenn das Unternehmen in der Vergangenheit nach anderen Wertvorstellungen geführt wurde. Wenn einmal Frustration und Demotivation, begleitet mit Burn-out, Mobbing und innerer Kündigung zu nahezu unkontrollierbarem Präsentismus oder Absentismus sowie Fluktuation geführt haben, kann man einen langen Prozess prognostizieren, um das verlorene Vertrauen wiederzugewinnen.

Geht man jedoch von einem modern geführten Unternehmen aus, das schon heute die Grundsätze der partnerschaftlichen Führung pflegt, so sind es vergleichsweise kleine und einfache Schritte, um in einem unternehmensübergreifenden Wir-Gefühl das Wohlbefinden und die Leistungsbereitschaft der Mitarbeiter zu steigern und so die Wirtschaftlichkeit und den nachhaltigen Erfolg des Unternehmens zu optimieren.

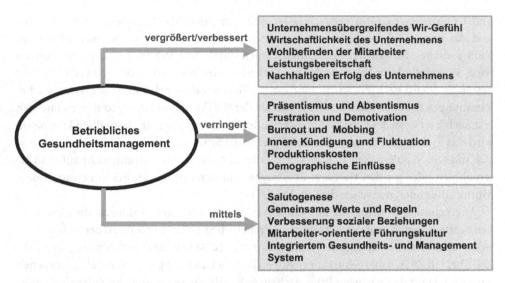

Abb. 4.2 Wirkungsweise des Betrieblichen Gesundheitsmanagements

Abb. 4.3 Die Positiv-Spirale des Betrieblichen Gesundheitsmanagements (Quelle: Prof. Badura, Universität Bielefeld, 2010)

Graphisch dargestellt (siehe Abb. 4.3) ergibt sich die Wirkungsweise einer Spirale, die sich in einer ständigen Verbesserung in Richtung der in der Gesundheitspolitik beschriebenen Ziele schraubt.

Dass die physische und psychische Gesundheit des Mitarbeiters das Arbeitsergebnis beeinflusst, ist eigentlich trivial und allgemein bekannt. Messgrößen sind dazu eingeführt und werden mit teilweise akribischer Genauigkeit geführt. Man denke dabei an den Fehlzeitenreport oder die Statistiken von Einstellungsuntersuchungen der Betriebsärzte [5]. Das Management geht davon aus, dass die besten Arbeitsergebnisse durch gesunde Mitarbeiter erreicht werden. Kranke Mitarbeiter sind zuhause und erzeugen durch ihre Fehlzeiten Kosten, sie sind unproduktiv. Überschreiten diese Fehlzeiten eine kritische Grenze im Unternehmen, so werden diese kranken Mitarbeiter entlassen und neue, gesunde Mitarbeiter eingestellt. Zugegeben ist diese Darstellung überspitzt formuliert, jedoch kann es besonders in kleineren Unternehmen schon das eine oder andere Mal zu solch einer linearen Vorgehensweise kommen (siehe auch Kap. 1 „Einleitung").

Erst wenn man sich mit dem Public-Health-Ansatz darüber bewusst wird, dass auch die Arbeit und das Unternehmen erheblichen Einfluss auf die Gesundheit der Mitarbeiter haben, also eine Rückkopplung besteht, bildet sich die eingangs erwähnte sich positiv entwickelnde Spirale. Wenn das Unternehmen die Gesundheit der Mitarbeiter als interne Aufgabe der Geschäftsprozesse betrachtet und somit auf die Gesundheit der Mitarbeiter einwirkt, schließt sich der Zyklus. Natürlich ist es nicht Aufgabe des Unternehmens, Krankheiten wie z. B. Blinddarmreizung im Rahmen der Abläufe in einer Motorenproduktion eines Automobilunternehmens zu heilen. Da allseits bekannt ist, dass Spannungen im Berufsalltag sowohl auf die physische als auch besonders auf die psychische Gesundheit der Mitarbeiter Einfluss nehmen, können sehr leicht Beispiele aufgezeigt werden, wie einfache Maßnahmen im Arbeitsablauf den Gesundheitszustand verbessern können. Dazu mehr in Teil B dieses Buches.

Die Rolle der DIN SPEC 91020 bei der Einführung eines Betrieblichen Gesundheitsmanagements

Zusammenfassung

An dieser Stelle des Buches müsste eigentlich jeder Leser von der Notwendigkeit der Einführung eines Betrieblichen Gesundheitsmanagements in seinem Unternehmen bereits vollständig überzeugt sein ... oder sich selbstbeweihräuchernd in seinem Chefsessel zurücklehnen, weil seine von positiver physischer und psychischer Energie geladenen Mitarbeiter in Eintracht und Harmonie dauerhaft die marktbesten Produkte oder Dienstleistungen herstellen. Da Letzteres kaum der Fall sein dürfte, stellt sich jetzt die Frage, wie ein nachhaltig wirkendes Betriebliches Gesundheitsmanagement zu gestalten ist.

Natürlich kann jedes Unternehmen genügend Kreativität aufbringen, um sich selbst ein Regelwerk zu geben, das die Gesundheit seiner Mitglieder im Unternehmen verbessert. Jedoch allein im Hinblick auf die Mitarbeiterorientierung in einem sich verkleinernden Personalmarkt ist es sinnvoll, Minimalanforderungen an ein Betriebliches Gesundheitsmanagement standardisiert zu definieren. Insbesondere bei hochqualifizierten und überdurchschnittlich bezahlten Experten kann es neben dem monetären Einkommen für einen zukünftigen Mitarbeiter durchaus von entscheidender Wichtigkeit sein, welche „soft facts" das Unternehmen anzubieten hat. Und zu diesen soft facts gehört neben der gesellschaftlichen Stellung des Unternehmens, dem Freizeit-attraktiven Standort, dem weltweiten Aktionsraum der Projekte, der Akzeptanz einer individuellen „Work-Lifetime-Balance" auch der Umgang des Unternehmens mit der Gesundheit und dem Wohlbefinden seiner Mitarbeiter. Um hier Versprechungen in Bewerbungsgesprächen zu relativieren und Vergleiche zwischen Firmen anstellen zu können, ist eine Standardisierung sinnvoll und nötig.

Heute wird alltäglich in Firmenpräsentationen auf die Zertifikate wie z. B. der DIN ISO 9001 hingewiesen und so für jeden eindeutig klar gemacht, dass dieses Unternehmen ein funktionierendes und extern überprüftes Qualitätsmanagementsystem besitzt. Analog

M. Kaminski, *Betriebliches Gesundheitsmanagement für die Praxis,*
DOI 10.1007/978-3-658-01274-8_5, © Springer Fachmedien Wiesbaden 2013

Entstehungsgeschichte und Basis der DIN SPEC 91020

konstruktiver Arbeits-/Expertenkreis

DIN	Verbände	*proproduction Dr. Kaminski*
Dienstleister	Krankenkassen	
Universitäten	Berufsgenossenschaft	
Behörden	Kommissionen	
Zertifizierungsgesellschaften	Kliniken	
	u.a.	

existierende Standards und Dokumente als Basis

- **SCOHS – Social Capital and Occupational Health Standard**
- **B.A.D. Entwurf für ein Betriebliches Gesundheitsmanagement**
- **Kriterienkatalog des TÜV Nord**
- **Entwurf der DQS**

Abb. 5.1 Entstehung der DIN SPEC 91020

dazu soll in Zukunft für alle Mitarbeiter und Stakeholder klar werden gemacht können, dass sich das Unternehmen aktiv und überprüfbar um die Gesundheit der Mitarbeiter kümmert. Stellt sich das Unternehmen zudem der externen Zertifizierung und erreicht das unabhängige Zertifikat, welches darlegt, dass die Forderungen der DIN SPEC 91020 eingehalten werden, so kann dieses in der Marktpositionierung und Werbung zu einem Wettbewerbsvorsprung führen. Selbst in Diskussionen mit Banken und Versicherungen zählen langfristige Investitionen in die Gesundheit der Mitarbeiter als Pluspunkte bei der Vergabe von Unternehmenskrediten und deren Zinssätzen.

Erste Anstrengungen zur Standardisierung von Anforderungen an ein Betriebliches Gesundheitsmanagement entstanden in der Zusammenarbeit der Universität Bielefeld und dem Unternehmensberaterteam PRO⁴-cooperation international. In Zusammenarbeit mit verschiedenen Experten entstand der Social Capital and Occupational Health Standard SCOHS [2]. Parallel dazu wurden andere Anforderungskataloge entwickelt, die zwar das gleiche Ziel hatten, jedoch vom jeweiligen Autorenteam geprägt waren.

Im Jahr 2010 initiierte die B.A.D.-Gruppe (Gesundheitsvorsorge und Sicherheitstechnik GmbH) einen Arbeitskreis bei der DIN in Berlin, der die existierenden Aktivitäten zur Beschreibung und/oder Standardisierung bündeln und einen Konsens der verschiedenen Anforderungskataloge schaffen sollte (Abb. 5.1).

Es ist allseits bekannt, dass die Verfahren zur Standardisierung nicht zu den schnellsten Abläufen in der Industrie gehören, besonders dann nicht, wenn internationale Standards erarbeitet werden sollen, die eine sehr lange Abstimmungsphase benötigen. Aus diesem Grund hat man sich entschlossen, zwar die Normung als Ziel der Standardisierungsarbeit zu setzen, jedoch mit einer sogenannten „DIN SPEC" (SPEC steht für Spezifikation) sehr pragmatisch und schnell ein Dokument zu erzeugen, an dem sich die Einführung eines Betriebliches Gesundheitsmanagement orientieren kann.

Die DIN SPEC 91020 beschreibt ein Managementsystem:

„Die systematische Umsetzung des Betrieblichen Gesundheitsmanagements wirkt positiv auf die Gesundheit und das Wohlbefinden der Mitarbeiter und damit auch nachweislich auf die Steigerung der Effizienz der Produkt - bzw. Dienstleistungsrealisierung (Wertschöpfungskette) einer Organisation.

Abb. 5.2 Die Win-win-Situation der DIN SPEC 91020 (Quelle: Vorwort der DIN SPEC 91020)

▶ DIN SPEC – Vorsprung im Markt – Herstellen. Sichern. Ausbauen.

In Ergänzung zur konsensbasierten Normung wird der Erarbeitungsprozess von Spezifikationen im Deutschen als Standardisierung bezeichnet.

Dabei erfolgen die Arbeiten nicht zwingend unter Einbeziehung aller interessierten Kreise und sind daher wesentlich schneller als in der Normung. Insbesondere in Gebieten mit hohem Innovationsgrad kann ein schneller Standardisierungsprozess den Wissens- und Technologietransfer fördern und beschleunigen. Gleichzeitig können Spezifikationen im Sinne der Entwicklungsbegleitenden Normung die Basis für spätere Normungsvorhaben darstellen.

Die Gesamtheit aller Spezifikationen des DIN e. V. wird unter dem Oberbegriff DIN SPEC zusammengefasst und publiziert. Zur Erarbeitung einer DIN SPEC stehen Ihnen 4 Verfahren zur Verfügung.

DIN unterstützt Sie dabei und zeigt Ihnen Wege auf, wie Sie aus Ihrem Wissen und Ihren innovativen Ideen eine bekannte und anerkannte Spezifikation erstellen können [12].

Innerhalb von einem Jahr hat ein Team, bestehend aus Gesundheitsexperten von Berufsgenossenschaften, Dienstleistern, Kliniken, Krankenkassen, Behörden, Universitäten, Unternehmensberatern und Verbänden in einem stringenten Prozess ein Konsensdokument erarbeitet, das die bislang vorhandenen Standards und Beschreibungen vereint: Aus dem SCOHS [2], dem B.A.D.-Entwurf für ein Betriebliches Gesundheitsmanagement, dem Kriterienkatalog der TÜV NORD Gruppe und einem Entwurf der Deutschen Gesellschaft zur Zertifizierung von Managementsystemen mbH (DQS) entstand die DIN SPEC 91020.

Im Vorwort der DIN SPEC 91020 ist das Ziel und die Win-win-Situation formuliert: „Die systematische Umsetzung des Betrieblichen Gesundheitsmanagements wirkt positiv auf die Gesundheit und das Wohlbefinden der Mitarbeiter und damit auch nachweislich auf die Steigerung der Effizienz der Produkt- bzw. Dienstleistungsrealisierung (Wertschöpfungskette) einer Organisation." [3]. Wer sich demnach in seinem Unternehmen dieses Ziel zu eigen macht, bekommt mit der DIN SPEC 91020 einen Anforderungskatalog und Hinweise an die Hand gegeben, um den Weg zu einem systematischen Betrieblichen Gesundheitsmanagement System zu beschreiten (Abb. 5.2).

In der Vorschriftenlandschaft, die sich um das Wohlergehen der Mitarbeiter im betrieblichen Umfeld kümmert, bestehen schon eine ganze Reihe von Gesetzen und nationalen

DIN SPEC 91020 und das Betriebliche Gesundheitsmanagement korrespondieren mit
Sozialgesetzen und anderen Regelwerken. Die Anforderungen der DIN SPEC 91020 sind teilweise
verpflichtend teilweise freiwillig. Die Einbindung der Arbeitnehmervertretung wird empfohlen.

Abb. 5.3 Die Verknüpfungen der DIN SPEC 91020

❖   Die DIN SPEC 91020 unterscheidet sich strukturell nicht von
      anderen, vorhandenen Managementsystemen

❖   Die Dokumentenstruktur folgt dem ISO Guide 83, auf der bei der
      nächsten Überarbeitung alle gängigen Managementsystem-
      Normen umgestellt werden.

❖   Alle klassischen Themen eines Managementsystems sind
      enthalten.

❖   Im Anhang der DIN SPEC 91020 ist eine Referenzübersicht zur
      DIN ISO 9001 angegeben

Abb. 5.4 Die Integrierbarkeit des Betrieblichen Gesundheitsmanagements

oder internationalen Standards (Abb. 5.3). Zu den wichtigsten zählen das Arbeitsschutzge-
setz, die OHSAS 18001:2007 Occupational Health and Safety Assessment Series, die DIN
EN ISO 14001:2009 Umweltmanagementsysteme oder die DIN EN ISO 9001:2008 Qualitätsmanagementsysteme. Diese Vorschriften finden – betrachtet man den deutschen oder
europäischen Wirtschaftsraum – durchaus großflächig Beachtung und sind bestenfalls
bereits anerkannter Teil des Geschäftsprozesses.

Bei der Gestaltung der DIN SPEC 91020 hat man dieser Tatsache sehr ausführlich Rechnung getragen und hat sich bewusst auf die Formulierung von Gesundheitsanforderungen
beschränkt, wohlwissend, dass es in dem einen oder anderen Fall zu Überlappungen mit bestehenden Vorschriften kommen kann. Solange diese konfliktfrei entweder nach der einen
Norm oder dem anderen Gesetz umgesetzt werden, ist das Erreichen des Gesundheitsziels
jedoch in keinem Moment gefährdet und den Anforderungen dieser Spezifikation wird
Genüge getan.

Diese Integrierbarkeit der DIN SPEC 91020 (Abb. 5.4) stellt damit eine wichtige Eigen-
schaft dar, welche für ihre Akzeptanz bei der Einführung besonders förderlich ist. Besitzt
demnach ein Unternehmen bereits ein Managementsystem für die Arbeitssicherheit, für

das Qualitätsmanagement oder den Umweltschutz, so bietet es sich an, das Gesundheitsmanagementsystem in die vorhandene Dokumentenlandschaft einzupassen und zu führen, das Berichtswesen und die Audits zu synchronisieren. Ungeachtet dessen kann die DIN SPEC 91020 auch als ein „Stand-alone"-Managementsystem eingeführt und als solches zertifiziert werden.

Die Dokumentenstruktur, sprich das Inhaltsverzeichnis der DIN SPEC 91020, richtet sich in ihren Kapitelüberschriften nach dem DRAFT ISO GUIDE 83 (High level structure and identical text for management system standards and common core management system terms and definitions) [13]. Diese neue Richtlinie zum Erstellen von zukünftigen Normen und Standards soll bewerkstelligen, dass ein Managementsystem mit minimalem Aufwand verstanden und in die bestehende Managementsystemlandschaft eingegliedert werden kann. Da man bei der Überarbeitung bestehender Normen diese Kapitelstruktur auch einführen wird, hat die DIN SPEC 91020 an dieser Stelle eine Vorreiterrolle. Im Anhang der DIN SPEC 91020 ist eine Referenzübersicht beigefügt, die zeigt, welche Kapitel der DIN EN ISO 9001 Qualitätsmanagementsysteme mit welchen Kapiteln der DIN SPEC 91020 korrespondieren Kap. 18. Eine zusätzliche Referenzübersicht zu OHSAS ist ebenfalls beigefügt.

Synergien dieser Art werden von Produkt- oder Dienstleistungsverantwortlichen im Unternehmen sehr wohlwollend bewertet. In diesem Zusammenhang soll auf das Kap. 7 „Stolpersteine" hingewiesen werden, in dem diesbezügliche Erfahrungen vermerkt sind.

Die 5 Schritte zum Betrieblichen Gesundheitsmanagement

6

Zusammenfassung

Manchem Leser, der in seinem Unternehmen bereits mit eingespielten Management-systemen operiert, mag dieses Kapitel überflüssig erscheinen, da die grundsätzliche Vorgehensweise keine Überraschungen bietet. Die Analyse, die Entscheidung zur Einführung, danach der Pilotbetrieb und der Roll-out sowie schließlich eine mögliche Zertifizierung – und dabei alles eingebettet in einen kontinuierlichen Verbesserungsprozess – klingt nach dem bereits benannten PDCA-Zyklus, den jeder kennt. Doch genauso wie uns im täglichen Leben die Details manchmal ungeahnte Wendungen bescheren, macht es auch hier Sinn, die abstrakte Betrachtung der Einführungsschritte eines allgemeinen Managementsystems unter dem spezifischen Aspekt des Betrieblichen Gesundheitsmanagements zu beleuchten.

Wenn Sie Ihr Betriebliches Gesundheitsmanagement dann entlang der DIN SPEC 91020 aufgebaut und mit Leben erfüllt haben, schenken Sie ihm das „Sahnehäubchen" eines Zertifikats durch eine akkreditierte Stelle. Der Aufwand hält sich besonders bei integrierten Managementsystemen in Grenzen, und der anfängliche positive Druck der regelmäßigen Fremdüberprüfung hilft der Organisation, sich selbst und das Wohlbefinden aller Mitarbeiter kontinuierlich und nachhaltig weiter zu entwickeln.

Ungeachtet der Tatsache, dass besonders während der ersten Einstiegsdiskussionen die Unterstützung eines externen Beraters äußerst hilfreich ist, stellt Schritt 1 denjenigen Einstieg dar, der den Erfolg des Betrieblichen Gesundheitsmanagements entscheidend beeinflusst (Abb. 6.1). Bei der Einführung neuer Methoden, Werkzeuge oder Prozesse kann man sich im Zweifelsfall immer auf einen Stand der Technik mit gesicherten Zahlen, Daten, Fakten beziehen, der eine Diskussions- und Bewertungsbasis bereitstellt, um Überzeugungsarbeit zu leisten.

Im Gegensatz dazu steht bei der Einführung eines Betrieblichen Gesundheitsmanagements eine klare Erkenntnislage bislang nicht zur Verfügung, welche Gesundheitsmaß-

M. Kaminski, *Betriebliches Gesundheitsmanagement für die Praxis*,
DOI 10.1007/978-3-658-01274-8_6, © Springer Fachmedien Wiesbaden 2013

Schritt 1: Einstiegsanalyse incl. Training

- Information über DIN SPEC 91020 und erster Abgleich der Anforderungen
- Evaluation der unternehmensspezifischen Grob-Ziele
- Diskussion und Einbezug bestehender Aktivitäten im Betrieblichen Gesundheitsmanagement und vorhandener Managementsysteme

Abb. 6.1 Schritt 1: Einstiegsanalyse und Training

nahme welchen gesundheits- und gleichzeitig ertragsfördernden Effekt hervorruft. Im Gegenteil: durch die mannigfaltigen Angebote für mehr oder weniger hilfreiche, jedoch immer ziemlich teure Gesundheitsfördermaßnahmen ist das Thema Gesundheitsmanagement im Sprachgebrauch besetzt, manchmal sogar verbrannt. Gerade in den ersten Augenblicken des Projekts hat der „Prophet im eigenen Land" demnach neben der sachlichen auch noch eine kommunikative Herausforderung zu meistern.

Inhaltliche, aufklärende und klarstellende Informationen über die DIN SPEC 91020, begleitet von Trainings- und Erfahrungsberichten über existierende Betriebliche Gesundheitsmanagementsysteme, erfolgen in Schritt 1. Diese ersten Informationen haben das Ziel, Betroffene zu Beteiligten zu machen und die Chancen und Risiken spezifisch für das Unternehmen zu benennen. In diesem Zusammenhang ist wiederum der Begriff der Stakeholder wichtig.

▶ **Stakeholder** Der international etablierte Begriff „Stakeholder" umfasst gesellschaftliche Interessengruppen und unternehmerische Anspruchsgruppen. Er wurde entwickelt als Gegenpol zum Begriff „Shareholder", den Aktionären. Zu den Stakeholdern eines Unternehmens gehören Mitarbeiter, Zulieferer, Kunden, Nichtregierungsorganisationen (NGOs), wissenschaftliche Einrichtungen, Regierungen u. a. m. Den Begriff hat wohl zum ersten Mal das Stanford Research Institute 1963 benutzt, um deutlich zu machen, dass Aktionäre nicht die einzige Zielgruppe sind, die das Management von Unternehmen beachten muss. Es gibt sowohl interne Anspruchsgruppen, wie Mitarbeiter, als auch externe Anspruchsgruppen, wie kritische NGOs. Sie sind zu berücksichtigen, weil sie von den Geschäftsaktivitäten direkt oder indirekt betroffen sind bzw. die Ansprüche Betroffener aufzeigen sowie die Geschäftsentwicklung und die gesellschaftliche Akzeptanz eines Unternehmens beeinflussen. [14]

Wie eingangs gesagt, kümmern sich in den Unternehmen bereits einige Bereiche um die Gesundheit der Mitarbeiter. Mit den Verantwortlichen dieser Bereiche sind besondere Kommunikationswege zu beschreiten, um glaubwürdig zu verankern, dass das „neue" Betriebliche Gesundheitsmanagement ihre Arbeit nicht obsolet werden lässt, sondern dringend benötigt. Das Betriebliche Gesundheitsmanagement ist ein Managementsystem, also

Schritt 2: Zieldefinition und strategische Grundsatzentscheidungen

- Ziele der Geschäftsleitung unter Einbindung der Arbeitnehmervertretung
- Entwicklung eines Strategieplans, Benennung der Verantwortlichen
- Information der Führungskräfte und Mitarbeiter

Abb. 6.2 Schritt 2: Zieldefinition und strategisch Grundsatzentscheidungen

ein lebendiges Führungsinstrument für alle Bereiche und Prozesse des Unternehmens und demnach kein lästiges Kontrollorgan.

Ist dieses Verständnis im Unternehmen angekommen, so kann man mit eben diesen Stakeholdern einen ersten groben Abgleich des Ist-Zustands mit den Anforderungen der DIN SPEC 91020 als Basis für die Ableitung von ersten unternehmensspezifischen Zielen erarbeiten.

Wird das Betriebliche Gesundheitsmanagement in eine bestehende Managementsystemlandschaft eingefügt, so ist es sinnvoll, die Schnittstellen, Überlappungen und Synergien zu klären. Es muss deutlich gemacht werden können, welche Veränderungen „ins Haus stehen" und welche Chancen und Risiken prognostiziert werden.

Abbildung 6.2: Die Sammlung von Analysen und Bewertungen bildet die Grundlage für eine schlüssige Entscheidungsvorbereitung und Zieldefinition für die Geschäftsleitung. Wie bei jedem Managementsystem fordert auch die DIN SPEC 91020 die sogenannte „Oberste Leitung", d. h. die Geschäftsleitung oder in persona den CEO (Chief Executive Officer) heraus, Verantwortung für das Betriebliche Gesundheitsmanagement zu übernehmen und dessen Ziele nachprüfbar zu verfolgen. Also muss dem CEO oder „Chef" klar gemacht werden, welches Leistungsvermögen oder Potenzial die Win-win-Prognose des Betrieblichen Gesundheitsmanagements unter welchen Randbedingungen in welchem Zeitraum erwarten lässt.

Ist diese Grundsatzentscheidung „unter Dach und Fach", wird es generell so sein, dass der CEO die Verantwortung für das Betriebliche Gesundheitsmanagement delegiert und einen Gesundheitsbeauftragten benennt, mit dem die strategischen und operativen Planungen erarbeitet werden. Bei der Erst-Einführung bietet sich die Vorgehensweise eines klassischen Projektmanagements an, welches die Abläufe, Aufgaben und Verantwortungen bis zum Abschluss einer erfolgreichen Pilotierung beinhalten sollte.

Eher früher, jedoch spätestens mit dem „Kick-off" dieses Projekts hat die Information der Führungskräfte und Mitarbeiter zu erfolgen. Gerade weil das Wohlergehen der Mitarbeiter im Mittelpunkt des Projekts steht, kann diese Information und Kommunikation nicht intensiv genug sein. Man stelle sich das Desaster vor: „Es gibt ein Betriebliches Gesundheitsmanagement ... aber keiner geht hin".

**Schritt 3: Einführung des Betrieblichen Gesundheitsmanagements
Entwicklung, Durchführung und Evaluation von Initialprojekten**

- Detaillierte Ist-Analyse: Status, Kennzahlen z.B. aus Mitarbeiterbefragung, Analysemethoden

- Planung, Ressourcenbedarfsermittlung, Ziele der Initialprojekte (z.B.Quick-Wins)

- Festlegen der Erfolgsfaktoren der Projekte (Gesundheit und Effizienzsteigerung)

- Festlegung der unternehmens-internen Kommunikation und Berichtswege

Abb. 6.3 Schritt 3: Einführung eines Betrieblichen Gesundheitsmanagements

Der Schritt 3 umfasst eigentlich nicht mehr, aber auch nicht weniger als das gesamte Projekt zur Einführung und Pilotierung in einem Unternehmensteil, den man als „first friendly customer" ausgewählt hat (Abb. 6.3). Es bietet sich an, nicht gerade den schwierigsten Teilbereich des Unternehmens für die Pilotierung zu wählen, sondern eher den Bereich, in dem schnelle Erfolge (sogenannte Quick-Wins) vorzuweisen sind. Die Durchführung eines Projekts soll an dieser Stelle nicht beschrieben, sondern auf einschlägige Literatur zum Projektmanagement verwiesen werden.

Ob der Roll-out im gesamten Unternehmen noch Inhalt des Projekts sein soll, hängt von der Größe und der Internationalität des Unternehmens ab. Für ein mittelständisches Unternehmen, das lediglich in Deutschland Standorte hat, bietet es sich im einfachsten Fall an, den Roll-out projekthaft zu erledigen. Für einen weltweit agierenden Großkonzern dagegen ist empfehlenswert, die Roll-out-Aktivitäten in die Verantwortung der Regionen zu legen, da die Vielfalt der nationalen Gegebenheiten zum Thema Gesundheit dezentral am besten verstanden und verarbeitet werden kann. Kulturelle Besonderheiten und Wertesysteme müssen und können vor Ort besser berücksichtigt werden.

Um fokussierte Maßnahmen zu generieren und nicht nach der Gießkannenmethode „Wohltaten" an die Mitarbeiter zu verteilen, ist eine detaillierte Ist-Stand-Bestimmung notwendig. Kann diese Status-Analyse bei technischen Systemen durch Messung und meist einfache, arithmetische Berechnungen eindeutig in Zahlen, Daten, Fakten niedergelegt werden, so ist die Analyse der Gesundheit der Mitarbeiter und die Bestimmung der Gesundheit des Unternehmens (Kap. 2 „Das gesunde Unternehmen") weitaus komplexer zu ermitteln und zu bewerten. Außer Fehlzeiten sind personalbezogene Gesundheitsdaten lückenhaft oder aus Datenschutzgründen meist tabu.

Aus universitären Bereichen kommt die Empfehlung, die Analyse mit einer umfassenden Mitarbeiterbefragung zu starten, wogegen grundsätzlich nichts einzuwenden ist. Viele Unternehmen allerdings, die bereits Mitarbeiterbefragungen durchgeführt haben, werden bestätigen, dass diese Art der Datenerhebung generell nur begrenzte Aussagekraft hat und sehr träge ist. In vielen Unternehmen ist der Begriff „Mitarbeiterbefragung" sogar zum Unwort geworden und auf lange Zeit nicht mehr anwendbar. Grund dafür ist, dass die Maßnahmen zur „Verbesserung", die aus der Mitarbeiterbefragung abgeleitet wurden, nicht als Verbesserung bei den Mitarbeitern angekommen sind, sondern eher als das Gegenteil. Leider erfolgt oft überhaupt keine wahrnehmbare Veränderung für die Mitarbeiter nach einer solchen Meinungserhebung.

Als Lösungsansatz wird in Kap. 14 „Planung" eine Analysemethode detailliert beschrieben, die zum einen verlässliche Angaben liefert und zum anderen für die betroffenen Mitarbeiter nachvollziehbare Ergebnisse hervorbringt. Wesentliches Merkmal dieser Methode ist ein Audit von Gesundheitschancen und -risiken in den Prozessen des Unternehmens. Hierbei werden Merkmale und Kriterien der Gesundheitschancen und -risiken mit einem Punktesystem bewertet, um bedarfsorientiert Prioritäten für Maßnahmen setzen zu können.

Kennzahlen sind besonders für die Projektverantwortlichen von Wichtigkeit. Wie jedes Projekt wird auch die Einführungsphase des Betrieblichen Gesundheitsmanagements ein zeitliches Ende haben und der Projekterfolg wird abgerechnet werden. Liegen, verbunden mit der Analyse, eine Reihe von Gesundheits- und Unternehmenskennzahlen vor, an deren positiver Veränderung sowohl das verbesserte Wohlergehen der Mitarbeiter als auch die gestiegene Ertragslage des Unternehmens gezeigt werden kann, so steht auch dem erfolgreichen Abschluss des Projekts kein Hindernis im Weg.

Man kann es nicht oft genug erwähnen, die Kommunikation und das interne Berichtswesen ist in diesem Projekt der Erfolgsfaktor Nr. 1. Gerade weil während der Analysephase das offene Gespräch mit den Mitarbeitern gesucht wird und deren Aussagen Grundlage für die Maßnahmen im Betrieblichen Gesundheitsmanagement sind, ist es umso wichtiger, dass ein kontinuierlicher Informationsfluss bei den Mitarbeitern das Vertrauen schafft, das zum Gelingen von Gesundheitsmaßnahmen notwendig ist. Wenn die Stakeholder und Sponsoren des Projekts (z. B. Betriebsärzte, Sozialstationen, Arbeitnehmervertreter, Betriebskrankenkassen) nicht bereits Mitglieder des Projektteams sind, ist die regelmäßige Kommunikation mit diesen Gruppen eine der Hauptaufgaben der Projektleitung. Verständnis schaffen, Betroffenheit und kreatives Mitdenken erzeugen, das sind die Ziele dieser Kommunikation, die man unter dem Stichwort „Stakeholder-Management" zusammenfassen kann.

Nachdem das Einführungsprojekt beendet ist und mit einigen „Quick-Wins" sowohl die Mitarbeiter als auch das Management von der Wirksamkeit des Betrieblichen Gesundheitsmanagements überzeugt werden konnten, ist der erste PDCA-Zyklus durchlaufen und das „Tagesgeschäft" mit dem Ziel der kontinuierlichen Verbesserung nimmt im Schritt 4 Fahrt auf (siehe Abb. 6.4).

Wurde während der Einführung der Schwerpunkt auf die Evaluation der unternehmensspezifischen Methoden, Werkzeuge und Kommunikationswege des Betrieblichen Gesundheitsmanagements gelegt, so ist in diesem Schritt die vollständige Erfüllung der Anforderungen der DIN SPEC 91020 im Fokus. Eine detaillierte GAP-Analyse (englisch: Lückenanalyse) soll weitere Handlungsfelder aufzeigen und mit geeigneten Maßnahmen schrittweise die Situation verbessern. Interne Audits, wie sie z. B. im Qualitätsmanagement nach DIN ISO 9001 zum alltäglichen Betriebsleben gehören, werden installiert, um

---

Schritt 4: Vorbereitung auf DIN SPEC 91020 Zertifizierung und interne Audits

- GAP - Analyse der DIN-Anforderungen
- Erarbeitung eines Maßnahmenkatalogs zur Umsetzung der DIN SPEC 91020
- Durchführen von internen Audits ggf. in Verbindung mit Audits anderer Managementsysteme

Abb. 6.4 Schritt 4: Vorbereitung auf DIN SPEC 91020 Zertifizierung und interne Audits

---

Schritt 5: Zertifizierung nach DIN SPEC 91020

- Beauftragung einer Zertifizierungsgesellschaft
- Auditdurchführung nach den Regeln der DIN EN ISO/IEC 17021

Abb. 6.5 Schritt 5: Zertifizierung

die Erfolgsmessung der Gesundheitsmaßnahmen evident zu machen. Natürlich wird man versuchen, interne Auditaufwendungen zu minimieren, indem z. B. mit einem Auditoren-Team sowohl Sachverhalte der Arbeitssicherheit und des Umweltschutzes als auch der Gesundheit hinterfragt werden. Solch eine Vorgehensweise schafft zusätzliche Akzeptanz und schont Ressourcen.

Ob nach erfolgreichen internen Audits eine Zertifizierung nach DIN SPEC 91020 angestrebt werden soll, ist eine strategische Entscheidung der Geschäftsleitung (Abb. 6.5). Gute Gründe dafür sind in den vorangegangenen Ausführungen beschrieben. Gerade im Zusammenhang mit dem Thema Nachhaltigkeit besitzt ein verbriefter Nachweis über die Erfüllung von Gesundheitsanforderungen wachsende Bedeutung. Zur Erteilung eines Zertifikats stehen Zertifizierungsgesellschaften bereit, die eine Prüfung gemäß DIN EN ISO/IEC 17021 durchführen können [16]. Bei der Auswahl sollte auf eine entsprechende Akkreditierung der Gesellschaft geachtet werden. Die Akkreditierungsregeln für die Zertifizierung nach DIN SPEC 91020 waren bei der Erstellung dieses Buches noch in der Bearbeitungsphase der Deutschen Akkreditierungsstelle DAkkS [15]. Vielleicht helfen die folgenden Ausführungen aus der Praxis, dem Leser die Entscheidung, ob Zertifizierung oder nicht, etwas zu erleichtern:

Zunächst fragt man sich: „Was soll denn überhaupt eine Zertifizierung. Die kostet doch nur Geld, . . . und außerdem fordert es ja noch niemand". Stimmt – fangen wir beim letzten Argument an: „noch" fordert es niemand: nicht die Kunden, nicht die Lieferanten und auch keine gesetzliche Vorschrift. Aber „noch" bedeutet auch, dass sich das schnell ändern kann. Nehmen wir das Qualitätsmanagement. Als Zulieferer ist es heute oft ein „Muss", ein entsprechendes Zertifikat von einem akkreditieren Zertifizierungsunternehmen vorzuweisen. Und das war anfangs auch nicht so. Wir gehen davon aus, dass sich Ähnliches beim Betrieblichen Gesundheitsmanagement wiederholen wird. Schon jetzt wird bei der Lieferantenauswahl nicht nur auf technische Details und Preise geschaut, sondern auch auf weichere Faktoren wie „hergestellt ohne Kinderarbeit".

Zudem signalisieren die Sozialversicherungsträger, dass auch für Unternehmen ein „Bonus-System" ähnlich dem der Versicherten denkbar wäre. Ein Zertifikat könnte also Kosten sparen. Auch Finanzdienstleister könnten anhand einer BGM-Zertifizierung geneigt sein, den Kredit-Zinssatz nach unten anzupassen, so die persönliche Auskunft eines größeren Bankinstituts. Also könnte sich die Zertifizierung doch „lohnen", womit wir beim zweiten Argument wären.

Die externe Dienstleistung kostet Geld – stimmt. Um die genauen Kosten abzuschätzen, sollte man sich ein Angebot von einer Zertifizierungsgesellschaft erstellen lassen. Diese sollte akkreditiert sein, das heißt: die Gesellschaft muss die Akkreditierungsregeln einhalten, die für Deutschland einheitlich vom DAkkS (Deutsche Akkreditierungsstelle GmbH) vorgegeben und durch diesen überprüft werden (siehe: www.dakks.de). Ohne dieses „Qualitätssiegel" könnte theoretisch jeder ein Zertifikat ausgeben. Derzeit werden die Bedingungen unter Mitwirkung der Autoren dieses Buches noch beratschlagt [15].

Die Kalkulation des Auditaufwands für eine Zertifizierung wird anhand der üblichen Rahmenbedingungen anderer Managementsysteme durchgeführt werden. Auf die Berechnung wirken sich aus:

- Mitarbeiterzahl und Branche
- Standort, Filialen und Niederlassungen
- Prozesse des Unternehmens: Produktion vs. Dienstleistung, viele gleiche Prozesse mit gleichen Bedingungen führen zur Reduktion des Aufwands
- Bestehende Zertifikate: Das Stichwort lautet: integrierte Zertifizierung von Managementsystemen. Das heißt, es werden keine getrennten Audits z. B. Qualitätsmanagement, Umweltmanagement und Gesundheitsmanagement durchgeführt, sondern ein Audit, bei dem die Anforderungen aller integrierten Managementsysteme geprüft werden. Dazu bedarf es mehrfach qualifizierter zugelassener Auditoren oder eines Teams von Auditoren, welches die Normen abdeckt. Die generellen Prozesse z. B. des internen Audits, der Managementbewertung oder der Dokumentenlenkung werden nur einmal dahingehend geprüft, ob sie den Anforderungen aller integrierten Normen entsprechen.

Kommen wir zum ersten Argument: Was bringt es dem Unternehmen? Eine Zertifizierung durch eine akkreditierte Gesellschaft ist eine regelmäßige Fremdüberprüfung durch unabhängige fachlich qualifizierte Personen. Nicht nur in der Anfangsphase helfen die kleinen Tipps der Auditoren, sehen diese doch viele Unternehmen und können somit aus einem Pool an Umsetzungsmöglichkeiten schöpfen. Ein Audit ist allerdings keine Beratung: Auditoren dürfen Verbesserungspotenziale aufzeigen – mehr nicht! Dennoch wirkt sich das „regelmäßig auf den Prüfstand stellen" besonders positiv auf die nachhaltigen Wirkungen des Betrieblichen Gesundheitsmanagements aus.

Da zudem das Zertifikat der DIN SPEC 91020 werbewirksam eingesetzt werden kann, spricht es zunehmend auch potenzielle Mitarbeiter an. Eine Zertifizierung zeigt diesen: in diesem Unternehmen kümmert man sich nachhaltig um das Wohlergehen der Mitarbeiter. Das kann von unschätzbarer Bedeutung auf dem immer knapper werdenden Arbeitskräftemarkt werden.

Wir sind der Meinung, dass es sinnvoll ist, den Weg der Zertifizierung zu gehen, da der Aufwand besonders bei schon bestehenden zertifizierten Managementsystemen eher gering ist und der Nutzen vielfach (Nachhaltigkeit, Kontinuität, Außendarstellung).

Ablauf der Erstzertifizierung nach DIN EN ISO 19011:2011 [22]   Das akkreditierte Zertifizierungsunternehmen wird das Erstaudit in zwei Stufen durchführen. In der ersten Stufe werden die Organisation hinsichtlich ihrer Zertifizierungsfähigkeit und insbesondere die Dokumentation geprüft sowie das Audit der Stufe 2 geplant. Hierzu sollten zumindest die von der DIN SPEC 91020 verpflichtend geforderten Dokumente (Verfahren und Aufzeichnungen) vorliegen, die internen Audits und eine Managementbewertung durchgeführt worden sein. (Eine Liste der verpflichtend geforderten Dokumente findet sich in Kap. 15 „Dokumentation" dieses Buches.) Stellt der Auditor die grundsätzliche „Zertifizierungsbereitschaft für Stufe 2" fest, so wird das Audit geplant, wobei der zeitliche Abstand auch von den Auditergebnissen der Stufe 1 abhängt.

Die zweite Stufe der Erstzertifizierung findet immer vor Ort in den Prozessen der Organisation entlang eines zuvor abgestimmten Auditplans statt. Hierbei soll festgestellt werden, ob das Betriebliche Gesundheitsmanagement den Vorgaben entspricht und wirksam umgesetzt wurde. Es wird nicht jede einzelne Forderung der Norm der Reihe nach abgefragt. Vielmehr stellt der Auditor der obersten Leitung, den Führungskräften und Mitarbeitern in den Prozessen möglichst offene Fragen, wie sie einzelne Forderungen umgesetzt haben. Die sogenannten „Objektiven Nachweise" der Stichproben dienen dazu, die Äußerungen zu belegen. Ideen und Anhaltspunkte dazu finden sich in den Umsetzungsbeispielen der jeweiligen Kapitel dieses Buches. Es muss glaubhaft dargestellt werden, dass entsprechend den Forderungen der DIN SPEC 91020, den gesetzlichen Vorgaben und eigenen Ansprüchen, agiert wird. Dieses wird in einem Bericht festgehalten. Kann dieses nicht hinreichend dargestellt werden, werden Abweichungen festgehalten, die nachweislich systematisch abgearbeitet werden müssen, bevor das Zertifikat erteilt wird. Nur wenn keine offenen Abweichungen vorliegen und die Konformität festgestellt wurde, wird das Zertifikat durch die akkreditierte Zertifizierungsgesellschaft erteilt, welches eine Gültigkeit von 3 Jahren hat.

Während dieses Zeitraums findet ein geplanter z. B. jährlicher Betreuungsbesuch durch den Auditor in der Organisation statt – auch „Überwachungsaudit" genannt. Bei diesem wird ebenfalls entlang eines zuvor abgestimmten Auditplans die Überprüfung der Aufrechterhaltung und Weiterentwicklung des Betrieblichen Gesundheitsmanagements durchgeführt. Sie entspricht dem Vorgehen des Stufe 2-Audits aber in verkürzter Form und nicht in allen Prozessen der Organisation. Im dritten Jahr steht die Rezertifizierung an, bei der dann wieder alle Prozesse der Organisation begutachtet werden. Ein neuer Zertifizierungszyklus beginnt.

„Stolpersteine" bei der Einführung eines Betrieblichen Gesundheitsmanagements

Zusammenfassung

Wenn in Kap. 6 „Die 5 Schritte bei der Umsetzung" die Vorgehensweise zur Einführung eines Betrieblichen Gesundheitsmanagements in einfachen Schritten erläutert wurde, so sollte doch niemandem verschleiert werden, dass der Weg dorthin holprig sein kann. Auch muss jedem klar sein, dass in Unternehmen, deren gesundheitlicher Ist-Zustand weit von dem der Definition des „gesunden Unternehmens" (siehe Kap. 2 „Das gesunde Unternehmen") entfernt ist, dieser Weg mit den größten Hindernissen belegt sein kann. Diese unternehmensspezifischen Stolpersteine zu kennen, ist eine der wichtigsten Voraussetzungen, um die Einführung nicht von vornherein in Gefahr zu bringen.

In diesem Zusammenhang ist es sinnvoll, sich nochmals die kleine Übung in Kap. 1 „Einleitung" in Erinnerung zu rufen. Mit ihr kann man schon sehr schnell einige Hinweise auf Hürden erhalten.

Selbst wenn die Stolpersteine in jedem Unternehmen unterschiedlich sind, so gibt es doch drei Widerstände, die sich verallgemeinern lassen:

1. Stolperstein: „Das Wesen des Gesundheitsmanagements als Managementsystem und nicht als Summe irgendwelcher gesundheitlicher Fördermaßnahmen wird nicht zur Kenntnis genommen."

In Kap. 3 „Gesundheitsförderung versus Managementsystem" wurde der Unterschied zwischen Gesundheitsfördermaßnahmen und Gesundheitsmanagement detailliert erläutert. Somit sollte man meinen, dass es klar ist, was man sich „einbrockt", wenn man den Beschluss fällt, ein Betriebliches Gesundheitsmanagement einzuführen. Der Stolperstein liegt also nicht direkt im Mangel an Informationen über das neue Managementsystem, sondern im Mut und in der Entschlossenheit die Konsequenzen zu tragen. Die Erfahrung zeigt, dass das Motto: „Jetzt fangen wir einmal mit ein paar Gesundheitsmaßnahmen an und dann sehen wir schon weiter . . . ." eine weit verbreitete Taktik beschreibt, wenn die strategische Kompetenz im Argen liegt und Zauderer die Oberhand besitzen.

Besonders spitze Stolpersteine liegen im Weg, wenn das Wesen des Managementsystems so missverstanden wird, dass beschlossen wird, die Verantwortung zur Umsetzung und zum Betreiben des Gesundheitsmanagements an externe Dienstleister zu delegieren. Ein Managementsystem ist inhärenter Bestandteil des Unternehmens und dessen Prozesse: es ist mit jedem einzelnen Mitarbeiter verknüpft. Es kann nicht durch externe Gesundheitstrainer, Dienstleister für betriebsärztliche Leistungen, externe Sozialarbeiter oder gar Fitnessstudios ersetzt werden. Diese Einrichtungen leisten einen Dienst, der vom Mitarbeiter wohlwollend aufgenommen wird, dem Unternehmen nicht geringe Kosten verursacht, jedoch nicht den postulierten nachhaltigen Win-win-Effekt mit sich bringt. Es zeigt sich überall, dass deren anerkannt positive Auswirkungen auf die Gesundheit der Mitarbeiter sehr schnell verpufft sind, sobald diese Dienstleistungen – z. B. aus Budgetgründen – verringert oder gestrichen werden. Es ist eigentlich noch schlimmer: Die Mitarbeiter werden das Ausbleiben oder Streichen der vermeintlich „normalen" Gesundheitsdienstleistungen missbilligend bemerken und Frustration wird sich breit machen.

Diesen 1. Stolperstein kann man nur durch klare, glaubhafte Führung und realistische, nachvollziehbare Zielsetzung aus dem Weg räumen. So wie „ein bisschen schwanger" nicht geht, so geht auch nicht „ein bisschen Betriebliches Gesundheitsmanagement".

2. Stolperstein: „Die Angst vor Veränderung".

Angenommen, die Unternehmensleitung hat die Einführung des Betrieblichen Gesundheitsmanagements beschlossen, Budget bereitgestellt und Verantwortliche benannt, d. h. der 1. Stolperstein ist weggerollt. Entsprechend den in Kap. 6 beschriebenen fünf Schritten macht sich diese Projektgruppe voller Tatendrang auf den Weg und gerät unmittelbar auf das nächste Hindernis: die Angst vor Veränderung. Hier zeigt die Erfahrung, dass diese Angst in allen Unternehmen, von der kleinsten kommunalen Behörde bis hin zum globalen Konzern, gleichermaßen tief verwurzelt ist. Jede Veränderung eines Geschäftsprozesses, einer Aufgabe oder Rolle führt dazu, dass vertrautes, berechenbares Umfeld verlassen werden muss. Wird man also zum Verlassen dieses vermeintlich geschützten Raumes aufgefordert, so fühlt man sich unwohl, muss sich neu orientieren und hat Angst vor der Ungewissheit. Die ganz natürliche Reaktion ist, dass man die Ursache für diese Angst bekämpft und die Veränderungen vermeiden möchte, um in seiner vertrauten Höhle als „cave-man" verbleiben zu können.

Sehr leicht kann dieses Verhalten im täglichen Betriebsleben erkundet werden, indem man eine Verbesserung in einem Prozessablauf ankündigt. Bevor die Einsicht in eine Verbesserung langsam Raum greift, werden spontan immer und überall Killerphrasen folgender Art zu hören sein: „Das ist doch nichts Neues" . . . „alles schon einmal vor 10 Jahren da gewesen und hat auch nichts gebracht" . . . „jeden Monat wird eine neue Sau durchs Dorf getrieben".

Die Angst vor Veränderung kann nur durch Kommunikation, Beteiligung und durch Überzeugungsleistung genommen werden. Das Schlüsselwort hierzu: „Internes Marketing"! In einem breit angelegten Kommunikationsprogramm muss das Wesen des Betrieblichen Gesundheitsmanagements, d. h. die Win-win-Situation für den Mitarbeiter und das Unternehmen offengelegt werden. Es ist verständlich zu vermitteln und dafür zu werben, dass sich etwas ändern muss und welchen Nutzen jeder Einzelne für sich und für das Unternehmen zu erwarten hat. Weil in das Gesundheitsmanagement jeder eingebunden ist und jeder Verantwortung trägt, erntet auch jeder die Früchte.

Innerhalb des internen Marketings muss dem Betrieblichen Gesundheitsmanagement „ein Gesicht und ein Name gegeben werden", der für dessen Erfolg steht. Dieser „BGM-Chef" hat glaubhaft zu vermitteln, welchen Nutzen die Mitarbeiter zu erwarten haben, aber auch welchen Einsatz die Mitarbeiter selbst aufbringen müssen. Als „Promotor" sollte er Mitglied der Unternehmensleitung sein und somit hinreichend Entscheidungskompetenz und Mitarbeiterakzeptanz besitzen, den zweiten Stolperstein so zu verschieben, dass die Projektgruppe zur Einführung des Betrieblichen Gesundheitsmanagements arbeitsfähig bleibt. Mehr nicht, denn es ist vermessen zu erwarten, dass allen Mitarbeitern alle Ängste vor Veränderungen genommen werden können.

3. Stolperstein: „Achtung Vorgärten!"

Nimmt man also an, der Promotor mache einen guten Job und erreiche eine Mitarbeiterakzeptanz für sein BGM-Projekt, so gibt es einige Gruppen in jedem Unternehmen, die besondere Ängste haben und dem BGM gewaltige Stolpersteine vor die Füße werfen können. Haben die meisten Mitarbeiter lediglich eine grundsätzliche Angst vor Veränderung, so kommt bei diesen noch eine spezifische, sehr kraftvolle Veränderungsangst dazu: die Existenzangst. Diese Existenzangst bewirkt, dass im schlimmsten Fall „kleine gallische Dörfer" entstehen, die das ganze Projekt gefährden können.

Heute gibt es in jedem Unternehmen bereits Mitarbeiter, die wenigstens teilweise oder im übergeordneten Sinn für die Gesundheit der Mitarbeiter zuständig sind. Diese gehören zum Personalwesen, zu den Betriebsärzten, Sozialstationen, es sind Wiedereingliederungsbeauftragte, Arbeitnehmervertreter, Mitarbeiter der Arbeitssicherheit und der Unfallverhütung, Dienstleister für Gesundheitsfördermaßnahmen, usw . . . . und alle leisten heute schon gute Arbeit zum Wohle und zur Sicherheit der Mitarbeiter.

Idealerweise haben diese Gruppen die Zuständigkeiten für die aktuellen Gesundheitsaufgaben trefflich untereinander aufgeteilt und arbeiten mit definierten Schnittstellen an den Zuständigkeitsgrenzen. D. h. es gibt zum Beispiel einen „Vorgarten" des Personalwesens, in den die Betriebsärzte „keinen Stein hineinwerfen" und umgekehrt. Im Klartext bedeutet dies vereinfacht ausgedrückt beispielsweise: Das Personalwesen ist für die Mitarbeiterentwicklung zuständig, die Betriebsärzte für die Gesundheit. Oder: Für die Ergonomie der Arbeitsplatzgestaltung ist das Personalwesen zuständig, für die Sicherheit am Arbeitsplatz die Unfallverhütungsgruppe, etc. In diesem Sinne werden die Vorgärten gepflegt und jeder achtet auch darauf, dass dies als Besitzstand bestehen bleibt.

Das Schlüsselwort für die Beseitigung dieses Stolpersteins heißt: „Stakeholder-Management" und die Methode heißt: „Betroffene zu Beteiligten machen".

So wie beim internen Marketing *alle* Mitarbeiter mit Informationen über Ziele und Nutzen des Betrieblichen Gesundheitsmanagements versorgt werden, Verständnis erarbeitet wird und für ein Engagement geworben wird, so muss bei denjenigen, die schon heute Aufgaben für die Gesundheit der Mitarbeiter erledigen, Klarheit über deren Rollen und Verantwortlichkeiten beim Betrieblichen Gesundheitsmanagement erzeugt werden. Die Botschaft lautet: „Sie sind heute und in Zukunft die verantwortlichen Stakeholder des Betrieblichen Gesundheitsmanagements, und von ihrer Zusammenarbeit mit dem BGM-Chef hängt nicht nur die Gesundheit der Mitarbeiter ab, sondern die des ganzen Unternehmens".

Vielleicht werden die Vorgärten teilweise umgegraben und neu bepflanzt. Jedoch eines ist sicher: nach der Einführung des Gesundheitsmanagements werden dort mehr Blumen blühen und größere Äpfel geerntet werden als vorher. Die Aufgaben der Stakeholder für die Gesundheit der Mitarbeiter werden größer und erweitert. Z. B. hat das Personalwesen in die Leistungsbeurteilung oder Zielvereinbarung Punkte für die Gesundheit aufzunehmen und zu bewerten. Weiterqualifizierungen der Mitarbeiter auf dem Gebiet der Gesunderhaltung am Arbeitsplatz sind anzubieten, auf dem Arbeitsmarkt ist mit den Vorzügen zu werben. Betriebsärzte werden nicht nur die Einstellungsuntersuchung oder Unfallerstbehandlung durchführen, sondern z. B. zusammen mit Führungskräften unternehmensspezifische, prophylaktische Programme zur physischen und psychischen Betreuung der Mitarbeiter erarbeiten oder ärztliche Beratung bei der Optimierung von Geschäftsprozessen geben wie sie auch schon von der neuen Unfallverhütungsvorschrift DGUV V2 eingefordert wird.

In diesem Sinne ist bereits im Vorfeld einer Einführung des Betrieblichen Gesundheitsmanagements ein Stakeholder-Management einzurichten, die „Betroffenen" und deren Zuständigkeiten/Vorgärten zu identifizieren und deren Beteiligungspotenzial zu ermitteln. Detaillierte Informationen über einzelne Projektschritte, zeitnahes Reporting und ggf. sogar Mitspracherecht bei der Benennung des BGM-Chefs sind mögliche interne Maßnahmen für ein erfolgreiches Stakeholder-Management. Die Erfahrung zeigt, dass externe Berater oder Moderatoren derartige Bereichsentwicklungsprozesse am leichtesten bearbeiten können, da deren Vorgärten sich nicht im Unternehmen befinden!

Teil II

Praktische Umsetzung der Forderungen der DIN SPEC 91020

Vorwort der DIN SPEC 91020

Zusammenfassung

In Teil B dieses Buches wird der gesamte Inhalt der DIN SPEC 91020 abgedruckt, erläutert und mit Beispielen aus der praktischen Erfahrung angereichert. Da jedes Unternehmen „anders tickt", ist klar, dass die im Anschluss an die DIN SPEC 91020-Anforderungen formulierten Erklärungen und Anregungen nicht allgemein gültig und auch nicht in allen Unternehmen gleichermaßen erfolgreich sein können. Was diese Beispiele jedoch immer initiieren können, ist die Diskussion um die unternehmensspezifisch beste Lösung für ein Betriebliches Gesundheitsmanagement.

Schon das Vorwort der DIN SPEC 91020 lässt erahnen, welch intensive und grundsätzliche Diskussion innerhalb der Arbeitsgruppe (siehe auch Abb. 5.1) geführt wurde und fasst letztendlich auch die Erkenntnisse aus Teil A dieses Buches in wenigen Zeilen zusammen.

DIN SPEC 91020

Vorwort

Diese DIN SPEC 91020 wurde nach dem PAS (Publicly Available Specification)-Verfahren erstellt.

Der Inhalt dieser DIN SPEC wurde durch den KoSMaS 130-01 Arbeitskreis „Betriebliches Gesundheitsmanagement" erarbeitet.

Es wird auf die Möglichkeit hingewiesen, dass einige Texte dieses Dokuments Patentrechte berühren können. Das DIN ist nicht dafür verantwortlich, einige oder alle diesbezüglichen Patentrechte zu identifizieren.

Der nachhaltige Erfolg einer Organisation wird durch ihre Fähigkeit erreicht, die Erfordernisse und Erwartungen ihrer Kunden, Mitarbeiter und anderer Interessierter Parteien langfristig und in ausgewogener Weise zu erfüllen.

Hierbei sind die Veränderungsprozesse in Wirtschaft und Gesellschaft angemessen zu berücksichtigen. So zwingt z. B. der demographische Wandel und daraus resultierende Konsequenzen, wie eine alternde Belegschaft und ein Mangel an Nachwuchs-, Fach- und Führungskräften, immer mehr Organisationen sich entsprechend neu zu positionieren.

M. Kaminski, *Betriebliches Gesundheitsmanagement für die Praxis*,
DOI 10.1007/978-3-658-01274-8_8, © Springer Fachmedien Wiesbaden 2013

Eine nachgewiesen erfolgreiche Strategie ist es, mittels eines Betrieblichen Gesundheitsmanagements Maßnahmen zum Erhalt und zur Förderung der Gesundheit systematisch in die gesamte Organisation zu integrieren, um für die Interessierten Parteien attraktiv zu bleiben und die Wettbewerbsfähigkeit langfristig zu sichern.

Die systematische Umsetzung des Betrieblichen Gesundheitsmanagements wirkt positiv auf die Gesundheit und das Wohlbefinden der Mitarbeiter und damit auch nachweislich auf die Steigerung der Effizienz der Produkt- bzw. Dienstleistungsrealisierung (Wertschöpfungskette) einer Organisation.

Der Erfolg kann allerdings nur gewährleistet werden durch:

- die systematische Verankerung von Gesundheit in die betrieblichen Kern-, Unterstützungs- und Führungsprozesse, sowie in die Träger der Aufbauorganisation;
- das entsprechende Engagement aller Mitglieder, Ebenen und Funktionen der Organisation, insbesondere der obersten Leitung;
- das wirksame Leiten und Lenken der Organisation;
- das aufmerksame Beobachten des Umfeldes der Organisation;
- beständiges Lernen;
- die geeignete Umsetzung von Verbesserungen und/oder Innovationen.

Hierfür ist ein Gesundheitsbewusstsein auf allen Ebenen der Organisation erforderlich.

Initiiert und koordiniert wurde die Erarbeitung des Dokumentes durch den nachfolgend genannten Verfasser:

Prof. Dr. Bernd Siegemund
Geschäftsführer
B.A.D Gesundheitsvorsorge und Sicherheitstechnik GmbH

Im Arbeitskreis waren sowohl Wissenschaftler, Praktiker, Forschungsinstitutionen, Verbände, Berufsgenossenschaften, Sozialversicherungsträger, Zertifizierungsgesellschaften und Behörden vertreten.

Die DIN SPEC 91020 konnte nach einer kurzen aber intensiven Arbeit im Juli 2012 veröffentlicht werden.

Anwendungsbereich

Zusammenfassung

Der Anwendungsbereich bei anderen Managementsystemen, wie z. B. Qualitätsmanagement oder Umweltschutzmanagement, ist recht gut abgrenzbar. Da die Gesundheit des Mitarbeiters sowohl eine private als auch eine betriebliche Komponente hat und die Bestimmung eines Unternehmens, einer Einrichtung, einer Behörde etc. in erster Linie in marktfähigen Produkten bzw. Dienstleistungen jeglicher Art zu sehen ist und nicht in der Bereitstellung von Wohlfühlumgebungen für die Mitarbeiter (abgesehen von einigen Sonderfällen), wird der Anwendungsbereich für ein Betriebliches Gesundheitsmanagement in jedem Unternehmen ein anderer sein. Diesen Aktionsbereich zu umreißen, seine Eingangs-und Ausgangsgrößen zu bestimmen und die Schnittstellen zu klären, ist eine sehr wichtige Aufgabe. Welche „Stolpersteine" hier im Weg liegen können, ist in Kap. 7 beschrieben.

DIN SPEC 91020

Anwendungsbereich

Diese Spezifikation legt Anforderungen an ein Betriebliches Gesundheitsmanagementsystem fest, die es einer Organisation ermöglichen, ihre betrieblichen Rahmenbedingungen, Strukturen und Prozesse so zu entwickeln und umzusetzen, dass das Arbeitssystem und die Organisation gesundheitsgerecht und leistungsfördernd gestaltet und die Mitglieder der Organisation zum gesundheitsfördernden Verhalten befähigt werden.

Die Spezifikation geht über rechtlichen Verpflichtungen zum Arbeits- und Gesundheitsschutz und Maßnahmen der betrieblichen Gesundheitsförderung hinaus und gibt der obersten Leitung einer Organisation Anleitungen mit dem Ziel, in einem komplexen, anspruchsvollen und sich ständig ändernden Umfeld nachhaltigen Erfolg durch den Einsatz des Betrieblichen Gesundheitsmanagements zu erreichen.

Alle in dieser Spezifikation festgelegten Anforderungen sind allgemeiner Natur und auf alle Organisationen anwendbar, unabhängig von deren Art und Größe, deren unterschiedlichen geogra-

M. Kaminski, *Betriebliches Gesundheitsmanagement für die Praxis*, 57
DOI 10.1007/978-3-658-01274-8_9, © Springer Fachmedien Wiesbaden 2013

fischen, kulturellen und sozialen Bedingungen und von der Art der bereitgestellten Produkte bzw. Dienstleistungen.

Diese Spezifikation ermöglicht es einer Organisation, ihr eigenes Betriebliches Gesundheitsmanagementsystem mit in Beziehung stehenden Anforderungen anderer Managementsysteme in Einklang zu bringen oder mit diesen Managementsystemen zusammenzuführen. Dies wird durch das Zugrundelegen des ISO Guide 83 bei der Struktur der Spezifikation gewährleistet.

Diese Spezifikation kann von internen und externen Parteien, einschließlich Akkreditierungsgesellschaften und akkreditierten Zertifizierungsstellen, verwendet werden, um die Fähigkeit der Organisation zu bewerten,

- ihre rechtlichen Verpflichtungen und darüber hinausgehende Anforderungen und Erwartungen der Interessierten Parteien sowie
- Anforderungen der Organisation selbst zum Betrieblichen Gesundheitsmanagement

zu erfüllen.

Normative Verweisungen

10

Zusammenfassung

Die DIN SPEC 91020 verweist auf keine anderen Normen.

DIN SPEC 91020

Normative Verweisungen

Die folgenden zitierten Dokumente sind für die Anwendung dieses Dokuments erforderlich. Bei datierten Verweisungen gilt nur die in Bezug genommene Ausgabe. Bei undatierten Verweisungen gilt die letzte Ausgabe des in Bezug genommenen Dokuments (einschließlich aller Änderungen).

Nicht anwendbar.

M. Kaminski, *Betriebliches Gesundheitsmanagement für die Praxis*,
DOI 10.1007/978-3-658-01274-8_10, © Springer Fachmedien Wiesbaden 2013

Begriffe

Zusammenfassung

. . . damit wir alle das Gleiche verstehen.

Ein einheitliches Grundverständnis der Schlüsselbegriffe wie z. B. Gesundheitsförderung, Betriebliches Gesundheitsmanagement, Gesundheitschancen, Gesundheitsrisiken oder Interessierte Partei sind von immenser Bedeutung beim Aufbau und Weiterentwicklung von Betrieblichen Gesundheitsmanagement.

DIN SPEC 91020

Begriffe

Für die Anwendung dieses Dokuments gelten die folgenden Begriffe.

3.1 Arbeitsbewältigungsfähigkeit

physische, psychische und geistige Fähigkeit einer Person, eine definierte Aufgabe innerhalb eines Arbeitssystems bzw. der Organisation zu einem definierten Zeitpunkt mit einer definierten Qualität bewältigen zu können

3.2 Arbeitsschutz

Abwehr von Unfallgefahren und arbeitsbedingten Gesundheitsgefahren zum Schutz vor arbeitsbedingten Verletzungen (Arbeitsunfällen) und arbeitsbedingten Erkrankungen (Berufskrankheiten und andere arbeitsbedingte Erkrankungen) sowie zugleich eine solche menschengerechte Gestaltung und ständige Verbesserung der Arbeit, dass diese insgesamt den körperlichen und geistigen Leistungsvoraussetzungen des Organisationsmitgliedes entspricht und auf Bewahrung von Leben und Gesundheit in Verbindung mit der Berufsarbeit abzielt

3.3 Arbeitssystem

System, das aus Benutzern, Arbeitsmitteln, Arbeitsaufgaben und der physischen wie sozialen Umgebung besteht, um bestimmte Ziele zu erreichen
ANMERKUNG In Anlehnung an DIN EN ISO 9241-11:1999–2001, 3.6

3.4 Beschäftigungsfähigkeit

individuelles Vermögen, eine Beschäftigung zu finden, in dieser zu bleiben und diese nachhaltig weiterzuentwickeln und zu sichern

M. Kaminski, *Betriebliches Gesundheitsmanagement für die Praxis*,
DOI 10.1007/978-3-658-01274-8_11, © Springer Fachmedien Wiesbaden 2013

3.5 Betriebliches Eingliederungsmanagement

Maßnahmen des Betriebes, Arbeitsunfähigkeit zu überwinden oder erneuter Arbeitsunfähigkeit vorzubeugen und Arbeitsplätze zu erhalten, wenn Beschäftigte innerhalb eines Jahres länger als sechs Wochen ununterbrochen oder wiederholt arbeitsunfähig waren, mit Zustimmung der betroffenen Person und unter Beteiligung der zuständigen Interessenvertretungen und ggf. des Betriebsarztes

ANMERKUNG 1 Betriebliches Eingliederungsmanagement beinhaltet die konkrete und individuelle Suche nach Möglichkeiten einer gesundheitsgerechten Anpassung der Arbeit an die Bedürfnisse einzelner Beschäftigter. Diese Erkenntnisse über gesundheitsgerechte Gestaltungspotentiale der Arbeit können im Betrieblichen Gesundheitsmanagement berücksichtigt werden.

ANMERKUNG 2 In Anlehnung an § 84 Abs. 2 SGB IX.

3.6 Betriebliche Gesundheitsförderung

Maßnahmen des Betriebes unter Beteiligung der Organisationsmitglieder zur Stärkung ihrer Gesundheitskompetenzen sowie Maßnahmen zur Gestaltung gesundheitsförderlicher Bedingungen (Verhalten und Verhältnisse), zur Verbesserung von Gesundheit und Wohlbefinden im Betrieb sowie zum Erhalt der Beschäftigungsfähigkeit

ANMERKUNG Dabei kann es sich auch um punktuelle, zeitlich befristete Einzelmaßnahmen handeln, ohne dass damit notwendigerweise ein Betriebliches Gesundheitsmanagement eingeführt wird.

3.7 Betriebliches Gesundheitsmanagement

systematische sowie nachhaltige Schaffung und Gestaltung von gesundheitsförderlichen Strukturen und Prozessen einschließlich der Befähigung der Organisationsmitglieder zu einem eigenverantwortlichen, gesundheitsbewussten Verhalten

3.8 Betriebliche Gesundheitspolitik

Rahmen zur Festlegung von Zielen zum Schutz und zur Förderung von Gesundheit und Sicherheit der Organisationsmitglieder und des dabei zur Anwendung kommenden Verständnisses von Gesundheit und der angenommenen Wechselwirkungen, die als Teil der Unternehmenspolitik den Unternehmenszielen ebenso wie dem Wohlbefinden und der Leistungsfähigkeit der Mitarbeiter dient

3.9 Gesundheit

Zustand vollständigen physischen, geistigen und sozialen Wohlbefindens und nicht nur die Abwesenheit von Krankheit oder Behinderung
[WHO Definition of Health]

3.10 Gesundheitschancen

auf persönlichen Kompetenzen und organisatorischen Gegebenheiten beruhende Fähigkeiten und Möglichkeiten, gesundheitsfördernde Ressourcen nutzbar zu machen

3.11 Gesundheitsrisiko

mögliche Beeinträchtigung der persönlichen Gesundheit durch das individuelle Verhalten und die Einflüsse aus dem jeweiligen Umfeld

3.12 Interessierte Partei/Stakeholder

natürliche oder juristische Person, die zur Wertschöpfung der Organisation beiträgt oder auf andere Weise an den Tätigkeiten der Organisation interessiert oder davon betroffen ist

ANMERKUNG Hierzu zählen z. B. Kunden, Eigentümer/Anteilseigner, Lieferanten und Partner, Organisationsmitglieder (z. B. Beschäftigte der Organisation), Gesellschaft(steile), Wettbewerber, Sozialversicherungen, Kommunen, der Staat und die Bevölkerung.

3.13 Organisation

Gesellschaft, Körperschaft, Betrieb, Unternehmen, Behörde oder Institution oder Teil oder Kombination davon, eingetragen oder nicht, öffentlich oder privat, mit eigenen Funktionen und eigener Verwaltung
[DIN EN ISO 14001:2009–2011, 3.16]

3.14 Verhaltensprävention

verhaltensorientierte bzw. personenbezogene Interventionen, d. h. Maßnahmen, die darauf abzielen, die Gesundheit durch Änderung des persönlichen Verhaltens zu fördern

3.15 Verhältnisprävention

verhältnisorientierte bzw. bedingungsbezogene Interventionen, d. h. Maßnahmen, die darauf abzielen, durch Änderung der Arbeitsbedingungen Gesundheit zu fördern und z. B. krankheitsbedingte Fehlzeiten zu verringern

ANMERKUNG Zu den Arbeitsbedingungen zählen z. B. Anforderungen an die Organisationsmitglieder, Belastungen, ergonomische Aspekte.

Umfeld der Organisation

Zusammenfassung

In Kapitel „Umfeld der Organisation" wird darauf verwiesen, dass die Einflussfaktoren auf die Organisation, deren Prozesse und Mitarbeiter nicht statisch, sondern dynamisch sind. Deshalb ist es erforderlich, dass das Betriebliche Gesundheitsmanagement diese Faktoren (interne wie externe) regelmäßig analysiert und daraus einen kontinuierlichen Anpassungsprozess ableitet, um das Wohlbefinden der Mitarbeiter und den damit verbundenen Unternehmenserfolg nachhaltig sicherzustellen.

DIN SPEC 91020

4.1 Umfeld der Organisation verstehen

Das Umfeld einer Organisation ändert sich ständig, unabhängig von der Größe der Organisation, ihren Aktivitäten und Produkten und ihren Aufgaben, seien sie gewinnorientiert oder nicht gewinnorientiert.

Eine Zunahme der Wettbewerber auf dem globalen Markt mit neuartigeren, technologisch ausgefeilten und effizient hergestellten Produkten und Dienstleistungen verursacht z. B. in kürzeren Zyklen steigende Kundenanforderungen. Ein sich kontinuierlich erhöhender Kosten- und Innovationsdruck ist die Folge, oft auch einhergehend mit einer Verknappung entsprechender Fachkräfte. Verschärfend kommt hinzu, dass unvorhersehbare politische, kulturelle und klimatische Ereignisse Investitionsrisiken für die Organisationen erhöhen.

Deshalb ist es für Organisationen unerlässlich geworden, sich ständig neu zu orientieren, anzupassen, zu wandeln und so Wettbewerbsvorteile zu schaffen und zu sichern. Qualitäts- und Produktivitätsdefizite müssen aufgearbeitet und Arbeitsprozesse ständig optimiert werden, um im Wettbewerbsdruck zu bestehen.

Hierbei gehen die Erwartungen der Interessierten Parteien über den Produkt- bzw. Dienstleistungsbezug hinaus und fordern eine unternehmerische Gesellschaftsverantwortung. Dies beinhaltet nicht nur die Beachtung der gesetzlichen Forderungen, sondern ein verantwortliches unternehmerisches Handeln im umfassenden Sinn, auch bezüglich der Gesundheit.

Nur die Organisationen, die die Anforderungen und Erwartungen der Interessierten Parteien angemessen erfüllen, erreichen einen nachhaltigen Erfolg.

Abb. 12.1 Das Umfeld der
Organisation – Interessierte
Parteien

Das Umfeld eines Unternehmens ist ein vielschichtiges Geflecht aus Beziehungen, das durch die Organisation und das Zusammenspiel aller Mitarbeiter so gestaltet wird, dass die Produkte und Dienstleistungen, die das Unternehmen am Markt anbietet, erfolgreich und ertragsbringend bzw. bedarfsorientiert sind. Da sich auch nicht-gewinnorientierte Institutionen wie Behörden, Schulen oder öffentliche Versorgungseinrichtungen zunehmend in der Rolle von Dienstleistern sehen, werden auch deren Beziehungen zu den von ihnen betreuten Bürgerinnen und Bürgern immer komplexer. Sich die Akzeptanz der Bürgerinnen und Bürger zu erarbeiten, anstatt „von Amts wegen" zu agieren, bringt die Mitarbeiter nicht-gewinnorientierter Institutionen in einen ähnlichen Wettbewerbsdruck wie in der gewinnorientierten Wirtschaft.

Es ist klar, dass das jeweilige gesetzliche Umfeld unverrückbare Leitplanken und Grenzen um jede Unternehmung zieht. Diese sollen hier nicht diskutiert werden, da es eine Vielzahl von Gesetzen, Verordnungen und bürokratischen Vorschriften gibt, die meist sogar regional oder kommunal unterschiedlich sind. Die Einhaltung und Berücksichtigung dieses gesetzlichen Umfelds ist unabdingbar. Jeder weiß, dass durch die Einhaltung von Gesetzen im Wettbewerb der Unternehmen weder besondere Hürden aufgebaut noch langfristige Vorteile erzielt werden, da sie ja für alle Unternehmen im gleichen Maße gelten.

Um das Geflecht der Geschäftsbeziehungen zu vereinfachen, sollen hier einige wichtige Akteure in diesem Feld näher erläutert werden: die Kunden, die Mitarbeiter, die Anteilseigner und die Zulieferer siehe (Abb. 12.1). Diese Auswahl heißt natürlich nicht, dass andere „Interessierte Parteien" für das eine oder andere Unternehmen nicht ebenso wichtig sein können.

Die Kunden bestimmen mit ihren Wünschen und Ansprüchen das Produkt oder die Dienstleistung. Steht im ersten Ansatz die Funktionalität im Blickfeld des Kunden, so werden zunehmend Ansprüche wie Markenimage, Umweltfreundlichkeit und Fair Trade

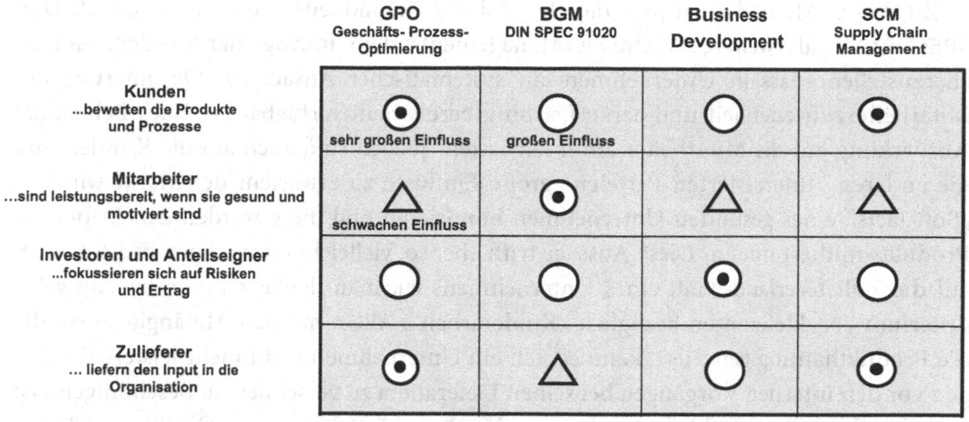

	GPO Geschäfts- Prozess- Optimierung	BGM DIN SPEC 91020	Business Development	SCM Supply Chain Management
Kunden ...bewerten die Produkte und Prozesse	◉ sehr großen Einfluss	◯ großen Einfluss	◯	◉
Mitarbeiter ...sind leistungsbereit, wenn sie gesund und motiviert sind	△ schwachen Einfluss	◉	△	△
Investoren und Anteilseigner ...fokussieren sich auf Risiken und Ertrag	◯	◯	◉	◯
Zulieferer ... liefern den Input in die Organisation	◉	△	◯	◉

Abb. 12.2 Matrix: Interessierten Parteien/Methoden

zu kaufentscheidenden Faktoren. In diesem Sinne wird es für Unternehmen auch immer wichtiger am Markt glaubhaft nachzuweisen, dass das angebotene Produkt aus einem gesunden Unternehmen stammt.

Ähnliches gilt für die Mitarbeiter, die diese Produkte oder Dienstleistungen entwickeln, herstellen, vertreiben und im Service betreuen. Gesunde Mitarbeiter sorgen für die Qualität, die die Kunden erwarten und haben auch die Energie, „ein bisschen mehr zu tun" als die Verfahrensweisung des Qualitätsmanagements oder die Weisung des Vorgesetzten vorgibt. Dabei sind transparente und wertschätzende Prozesse Garant für hohe Motivation zum Erreichen des Unternehmensziels.

Die Rolle der Anteilseigner ist, sich für das Unternehmen und seine Mitarbeiter einzusetzen, durch Investitionen, durch visionäre Ideen, durch strategische Entscheidungen oder durch Übernahme von Verantwortung. Als Leitfiguren und Vorbilder tragen sie Risiken, stehen für die Wirtschaftlichkeit und das Außenbild des Unternehmens und dessen Stellung in der Gesellschaft. Soweit die Idealvorstellung oder die Beschreibung des Soll-Zustands in einem gesunden Unternehmen. Dass die Realität davon unterschiedlich ist, zeigen einige Pleiten der vergangenen Jahre und die Ursachen und Wirkungen der derzeitigen Finanz- und Bankenkrise.

Ausschlaggebend für den Erfolg eines Unternehmens ist es, die Anforderungen, die das Umfeld an die Organisation stellt (die Anforderung der „Interessierten Parteien"), optimal zu erfüllen. Erfolgreiche Unternehmen zeichnen sich dadurch aus, dass sie zufriedene Kunden, zufriedene Anteilseigner, zufriedene Lieferanten und natürlich zufriedene Mitarbeiter haben.

Um die Zufriedenheit der „Interessierten Parteien" zu erreichen, wurden und werden zahlreiche Methoden entwickelt, z. B. „Business Process Optimization" (Geschäftsprozesssoptimierung), „Business Development" und „Supply Chain Management" (Lieferantenentwicklung) Abb. 12.2 (siehe www.proproduction.de.) [18] Diese Methoden sind allesamt geeignet, die Komplexität der Beziehungen und das Umfeld dieser Akteure zu reduzieren bzw. handhabbar zu machen.

Zu diesen Methoden ist jetzt das Betriebliche Gesundheitsmanagement gemäß DIN SPEC 91020 als weiteres wichtiges Managementsystem hinzugefügt worden, um sicherzustellen, dass in Unternehmen ein systematischer Ansatz zur Optimierung der Mitarbeiterzufriedenheit und deren Leistungsbereitschaft verfügbar ist. Natürlich ist die Auswirkung auf die Mitarbeiter am intensivsten. Jedoch sind auch auf die Kunden und die anderen „Interessierten Parteien" große Einflüsse zu erwarten: der Markt wird die „Soft facts" eines gesunden Unternehmen honorieren und diese werden den Erfolg des Produkts mitbestimmen. Diese Aussage trifft ebenso, vielleicht etwas abgeschwächt, auch auf die Zuliefererlandschaft eines Unternehmens zu, man denke z. B. an das Auswahlkriterium von Lieferanten bezüglich „Kinderarbeit". Allein mit den Abhängigkeiten, die die Produkthaftung generiert, kann es sich ein Unternehmen nicht mehr leisten, die Augen vor den internen Vorgängen bei seinen Lieferanten zu verschließen. Beschönigend ist manchmal der Begriff „Lieferantenentwicklung" zu hören, wenn ein Großunternehmen durch die Schieflage eines Zulieferers entweder mit Qualitätsproblemen zu kämpfen hat oder gar dessen schlechtes Image Schatten auf die vermeintlich makellose Marke wirft.

Die DIN SPEC 91020 fordert in ihrem Abschn. 4.1 zwar nicht explizit, mit welchen Maßnahmen das Umfeld eines Unternehmens analysiert und optimiert werden soll, sie konstatiert jedoch, dass sich Unternehmen ständig so verändern und verbessern müssen, dass sie im regionalen und/oder globalen Markt und im gesellschaftlichen Umfeld wettbewerbsfähig bleiben. Es wird postuliert, dass nur ein gesundes Unternehmen dabei nachhaltig erfolgreich sein wird. In diesem Sinne ist ein Betriebliches Gesundheitsmanagement, das in die Managementsysteme der Geschäftsprozesse, der Sicherheit und der Umwelt integriert ist, der anzustrebende Ansatz.

DIN SPEC 91020

4.2 Erfordernisse und Erwartungen der Interessierten Parteien verstehen

Um die Wertschöpfung und Effizienz einer Organisation zu steigern, ist vor allem wichtig, dass deren Mitglieder über geeignete Kompetenzen verfügen und diese auch einbringen können, wollen und dürfen, denn der Marktwert von Unternehmen bemisst sich nicht nur am Buchwert bzw. am materiellen Vermögen, sondern in zunehmendem Maße am immateriellen Kapital.

Produktivitäts- und Wertschöpfungseinbußen entstehen, wenn Arbeitskraft nicht oder nur eingeschränkt eingebracht werden kann. Die Gesundheit spielt hier eine wichtige Rolle. Individuelle Beschwerden und Einschränkungen sowie Abwesenheit vom Arbeitsplatz wirken auf die Leistung limitierend. Belastungen am Arbeitsplatz wiederum können die Gesundheit beeinträchtigen.

In nahezu allen Unternehmen bilden die Personalkosten einen wesentlichen, wenn nicht sogar den entscheidenden Teil der betrieblichen Kosten und somit einen aussichtsreichen Ansatzpunkt, um Produktivität und Wertschöpfung durch die Förderung von individueller Gesundheit (Verhaltensprävention) und die Schaffung eines gesundheitsgerechten und leistungsförderlichen Arbeitssystems (Verhältnisprävention) zu erhöhen.

Notwendige Veränderungen sollten deshalb im Rahmen eines Betrieblichen Gesundheitsmanagementsystems erfolgen, da nur ihre systematische Umsetzung unter Beachtung aller relevanten Schnittstellen zu anderen Unternehmensbereichen bzw. -prozessen und unternehmensexternen Einflussfaktoren bzw. Restriktionen einen nachhaltigen Erfolg der Organisation sicherstellen kann.

Von einem Betrieblichen Gesundheitsmanagementsystem profitieren vor allem Organisationen und deren Mitglieder, aber auch die weiteren Interessierten Parteien.

Organisationen profitieren z. B. durch:

a. die Reduktion krankheitsbedingter Ausfallzeiten;
b. eine geringere Fluktuation;
c. die Erhöhung des Engagements der Organisationsmitglieder;
d. die Erhöhung der Produktivität;
e. die Verbesserung der Innovationsfähigkeit;
f. eine verbesserte Qualität der Leistungen;
g. die Reduktion von Versicherungskosten;
h. die Wahrnehmung sozialer Verantwortung;
i. die Verbesserung der Arbeitgeberattraktivität;
j. ein verbessertes Image;
k. die Verbesserung der Kundenbeziehungen
l. die Erreichung ökonomischer Ziele;
m. die Verbesserung der Wettbewerbsfähigkeit und Kreditwürdigkeit.

Organisationsmitglieder profitieren z. B. durch eine verbesserte Gesundheit, d. h. durch:

a. eine Stärkung der Eigenverantwortung und Schaffung eines allgemeinen Gesundheitsbewusstseins;
b. ein verbessertes Betriebsklima;
c. eine Verminderung der Arbeitsbelastungen;
d. eine verbesserte Identifikation mit den Aufgaben und dem Unternehmen;
e. eine verbesserte Arbeitszufriedenheit und Motivation;
f. eine gesteigerte Leistungsfähigkeit;
g. eine verbesserte Arbeitsbewältigungsfähigkeit und Beschäftigungsfähigkeit;
h. eine verbesserte Balance zwischen beruflichen und privaten Anforderungen;
i. eine verbesserte Lebensqualität.

Interessierte Parteien im Betrieblichen Gesundheitsmanagement sind Investoren, Kreditinstitute, Sozialversicherungen, Kunden, Lieferanten, Gesellschaft, Öffentlichkeit, etc. Abb. 12.1. Die wichtigsten Interessierten Parteien eines Betrieblichen Gesundheitsmanagements sind und bleiben jedoch die Mitarbeiter und das Unternehmen selbst. Ihre Erwartungen und Erfordernisse stehen im Fokus des Betrieblichen Gesundheitsmanagements.

Galt seit der industriellen Revolution das einfache Verhältnis: Das Unternehmen fordert Arbeitskraft, der Mitarbeiter erwartet seinen Lohn, so gewinnt zunehmend der immaterielle Wert einer Organisation an Bedeutung. Ein modernes Unternehmen zeichnet sich dadurch aus, dass sowohl verhaltenspräventive, d. h. auf die individuelle Person bezogene Maßnahmen, als auch verhältnispräventive, d. h. auf die Organisation oder das Arbeitssystem bezogene Maßnahmen durchgeführt werden, um ein Umfeld zu schaffen, in dem globale Höchstleistungen möglich sind.

Die in der DIN SPEC 91020 aufgeführten Beispiele sind typische Auswirkungen eines Betrieblichen Gesundheitsmanagementsystems, das die richtigen Gesundheitschancen und -risiken erkannt hat und bearbeitet (siehe hierzu auch Teil I – Einleitung – Abb. 1.1).

Besonders in rohstoffarmen Ländern sind die Qualifikation der Mitarbeiter und die daraus resultierende kompetente, kreative und innovative Arbeitsleistung von maximaler Bedeutung. Die DIN SPEC 91020 fordert, dass die Arbeitskraft nicht eingeschränkt und individuelle Beschwerden und Belastungen am Arbeitsplatz vermieden werden sollen.

Daher sollten für die Prozesse und die Arbeitsplätze Anforderungsprofile und für jeden Mitarbeiter ein Qualifikationsprofil erstellt werden. Wo sich Abweichungen zwischen Anforderungsprofil und Qualifikationsprofil zeigen, muss das Delta in einem Schulungsplan aufgenommen werden und das „gap" (gap: englisch = Lücke) geschlossen werden. Hierbei sind nicht nur die rein fachlichen Aspekte (z. B. Berufsausbildung und Berufserfahrung) zu berücksichtigen, sondern auch die „soft skills" (z. B. Kommunikation, soziale Kompetenzen) und gesundheitsrelevante Aspekte (z. B. Ergonomie, Vereinbarkeit von Familie und Beruf). Siehe hierzu Kap. 15 „Unterstützung".

Es ist darauf zu achten, dass weder eine Über- noch Unterforderung negative Einflüsse auf die Motivation und das Wohlbefinden des Mitarbeiters haben kann. Im Allgemeinen sind die Berufsausbildungen zumindest in Deutschland sehr umfassend und befähigen die Mitarbeiter insbesondere auf der sachlichen und fachlichen Ebene. Darf ein Mitarbeiter seine Qualifikation nie oder nur selten einbringen, so gehen damit Frustration und Demotivation einher: er denkt nicht mehr mit, fühlt sich deplatziert. Besondere Gefährdung besteht bei gleichbleibenden und eintönig erlebten Arbeiten, was insbesondere bei Behörden und sozialen Einrichtungen anzutreffen ist. Mit turnusmäßigen wechselnden Aufgabengebieten oder Rotationsplänen kann hier systematisch die Arbeitsumgebung attraktiver gestaltet werden.

Es ist zu beobachten, dass Mitarbeiter oft im privaten Umfeld und in Ehrenämtern ihre positiven Herausforderungen suchen. Dies kommt im Allgemeinen zwar der gesamten Gesellschaft zugute, aber meist nur indirekt dem Unternehmen. Ziel ist es deshalb, diese Fähigkeiten auch innerhalb der Arbeitsaufgabe positiv einsetzbar zu machen und so die 8-stündige Arbeitszeit ebenso interessant zu gestalten wie die freiwilligen, abendlichen Arbeitsstunden in einem Verein.

Jeder Mitarbeiter ist ein Individuum und kann persönliche Beeinträchtigungen haben wie z. B. chronische Erkrankungen (Diabetes, Asthma, Venenleiden), Behinderungen, Phobien oder auch nur eine überdurchschnittliche Körpergröße. Werden solche Eigenheiten verhältnispräventiv erkannt und bei der Arbeitsplatzgestaltung und den Arbeitsaufgaben entsprechend berücksichtigt, so werden Leistungseinschränkungen oder gar Fehlzeiten vermieden.

Die DIN SPEC 91020 postuliert, dass sich Personalkosten durch Verhaltens- und Verhältnisprävention reduzieren lassen. Die häufig genannte Kennzahl der Fehlzeiten (siehe auch Absentismus, Kap. 2 „Das gesunde Unternehmen") bildet nur die Spitze des Eisbergs ab und beschreibt nur diejenigen Mitarbeiter, die wegen Krankheit zuhause sind. Da mit dem demographischen Wandel, d. h. einer älter werdenden Belegschaft auch das Risiko von schwereren und damit längeren Erkrankungen statistisch zunimmt, lässt sich in vielen Unternehmen die Fehlzeit kaum oder nicht mehr nach unten präventieren.

Aus diesem Grund betrachtet man die Kosten, die durch Präsentismus (siehe Kap. 2 „Das gesunde Unternehmen") entstehen. Präsentismus beschreibt das Phänomen, dass

Mitarbeiter trotz gesundheitlicher Beeinträchtigungen zur Arbeit gehen, dort nicht voll leistungsfähig sind und sogar eine Verschleppung der Krankheit in Kauf nehmen, die dann mit noch höheren Ausfallzeiten kuriert werden muss. Als häufigste Gründe dafür werden von Schmidt und Schröder [17] aufgeführt: „Angst um den Arbeitsplatz" und „Man muss mit Nachteilen rechnen, wenn man sich häufig krank meldet". Dort wird beschrieben, dass eine Änderung der Unternehmenskultur, die akzeptiert und unterstützt, dass kranke Mitarbeiter daheim bleiben, der erste Schritt in Richtung Optimierung des Präsentismus sind.

Als letzte Soll-Forderung nennt die DIN SPEC 91020 in diesem Abschnitt: Veränderungen durch das Betriebliche Gesundheitsmanagement sollen systematisch erfolgen unter Beachtung aller Prozesse und Einflussfaktoren. Wie bereits geschildert: Einmal-Aktionen geraten schnell in Vergessenheit und sichern keinen langfristigen Erfolg. Eigentlich gibt es nur einen klaren Grund für nicht-systematische Gesundheitsfördermaßnahmen: die Prävention oder Abwehr von akuten Krankheiten im Unternehmen. Ein Beispiel dafür findet man im Jahr 2012, als Hygienemaßnahmen bei der drohenden Pandemie durch die Vogelgrippe eingeführt wurden.

Die Wirkung eines erfolgreichen Betrieblichen Gesundheitsmanagements zeigen die Beispiele a) bis m) und a) bis i), die die Autoren der DIN SPEC 91020 aus gutem Grund sehr ausführlich im Abschn. 4.2 beschreiben. Sowohl der Geschäftsleitung, den Interessierten Parteien als auch den Mitarbeitern selbst soll im Detail vor Augen geführt werden, welche vielschichtigen Erfolge zu erschließen sind, wenn ein Betriebliches Gesundheitsmanagement konsequent eingeführt und betrieben wird.

Es ist klar, dass die Messung dieser Erfolge z. B. „Wahrnehmung sozialer Verantwortung" oder „verbesserte Arbeitsbewältigungsfähigkeit und Beschäftigungsfähigkeit" sicherlich nicht zu den einfachen Aufgaben in einem Unternehmen gehört. Besonders Betriebswirtschaftler möchten gerne Zahlen, Daten und Fakten auf ein Blatt Papier schreiben, diese zusammenzählen oder in „Bargraphs" oder „Kuchen"-Diagrammen miteinander vergleichen. Um die „Wahrnehmung sozialer Verantwortung" als Zahl abzubilden, fehlte zugegebener Weise auch den Autoren der DIN SPEC 91020 die zündende Idee. Trotzdem wurde dieses Stichwort aufgelistet, weil allein eine unternehmensinterne Diskussion mit der Überschrift „Wie nehmen wir die soziale Verantwortung in unserem Unternehmen wahr und wie gehen wir mit ihr um?" einen Mehrwert und ggf. konkrete Maßnahmen in Richtung „nachhaltig gesundes Unternehmen" auslöst. Wird diese Diskussion mit allen Führungskräften offen und konsequent geführt, so sind erstaunliche Erfolge möglich ... selbst wenn jetzt noch keine Messgröße dafür vorliegt.

DIN SPEC 91020

4.3 Anwendungsbereich des Betrieblichen Gesundheitsmanagementsystems
Mit einem Betrieblichen Gesundheitsmanagementsystem kann eine Organisation:

a. ihre Fähigkeit darlegen, dass ihr Arbeitssystem und ihre Prozesse und Strukturen:
   - die Anforderungen der Interessierten Parteien sowie

- die Anforderungen an eine gesundheitsgerechte und leistungsförderliche Gestaltung, und hierbei
- die zutreffenden rechtlichen Verpflichtungen erfüllt;
b. ihre Leistungsergebnisse durch wirksame Anwendung des Betrieblichen Gesundheitsmanagementsystems erhöhen, einschließlich der Prozesse zur ständigen Verbesserung des Betrieblichen Gesundheitsmanagementsystems.

Der Anwendungsbereich des Betrieblichen Gesundheitsmanagements umfasst das Arbeitssystem eines Unternehmens. Dies ist die Klarstellung, dass das Betriebliche Gesundheitsmanagement nicht eine Summe von Gesundheitsfördermaßnahmen ist oder als zeitlich begrenzte Aktion „Alte, Schwache und Kranke" unterstützt. Betriebliches Gesundheitsmanagement ist Teil der unternehmens-internen Prozesse und Strukturen, berücksichtigt die Anforderungen der Interessierten Parteien, die Anforderungen an eine gesundheitsgerechte und leistungsförderliche Gestaltung und natürlich die zutreffenden rechtlichen Verpflichtungen. Also müssen diese Anforderungen a) ermittelt, b) verstanden und c) auch erfüllt werden.

Man benötigt ein Verfahren, das nachvollziehbar und nachweisbar festlegt, wie die Anforderungen aller Interessierten Parteien der Organisation ermittelt werden. Hierzu müssen entsprechende Dokumente bzw. Aufzeichnungen wie Verfahrensanweisungen, Prozessbeschreibungen, Intranet, Web-Auftritt, Datenanalysen, Trendanalysen von Kennzahlen vorliegen. Die so ermittelten Anforderungen bilden die Grundlage für den „Anwendungsbereich" (siehe auch DIN SPEC 91020 Abschn. 4.3). Um die ermittelten Anforderungen zu erfüllen, muss die Organisation ein Betriebliches Gesundheitsmanagementsystem aufbauen (siehe auch DIN SPEC 91020 Abschn. 4.4).

Zur Ermittlung der Anforderungen an die Organisation, die die Mitarbeiter des eigenen Unternehmens betreffen, kann z. B. die in Kap. 14 „Planung" detailliert beschriebene Analyse von Gesundheitschancen und -risiken herangezogen werden. Auch bereits bestehende Gefährdungsanalysen, Mitarbeiterbefragungen, Empfehlungen von Verbänden oder Organisationen, Methoden des Arbeitsschutzes bzw. der Arbeitssicherheit, Studium der relevanten Gesetze durch Rechtsberater sind wertvolle Beiträge, um die Analyse zum Gesundheitszustand in einem Unternehmen zu unterstützen. Wichtig dabei ist, dass zusammen mit den Fachbereichen bewertet und festgestellt wird, welche Anforderungen überhaupt auf das Unternehmen zutreffen und welche das Unternehmen an sich selbst stellt.

Mit einem drastischen Beispiel für die „Bewertung von Forderungen" soll gezeigt werden, dass Betriebliches Gesundheitsmanagement nicht für Forderungen in Richtung „Schöner Wohnen" missbraucht werden darf. Lautet die Forderung einer Führungskraft: „Damit ich in meiner komplexen Aufgabenstellung 100 % Leistung erbringen kann, benötige ich einen 50-Zoll-3D-Monitor mit Sound-System. Erst so erlange ich die notwendige Work-Life-Balance und fühle mich in meinem Job wohl." Die Bewertung dieser Forderung z. B. durch den Fachbereich Personalwesen wird sicherlich zeigen, dass diese Forderung eindeutig außerhalb des Anwendungsbereiches des Betrieblichen Gesundheitsmanagementsystems liegt und höchstens erkenntnisreiche Einblicke in das individuelle Wertegebäude solcher Mitarbeiter zulässt.

Um einen klaren und eindeutigen „Anwendungsbereich" formulieren zu können, müssen wir zeigen können, dass wir die Anforderungen an eine gesundheitsgerechte und leistungsförderliche Gestaltung des Arbeitssystems, d. h. die Organisation und die Prozesse a) kennen, b) verstanden haben und c) diese auch erfüllen. Auch hier benötigen wir wiederum ein Verfahren, um die Anforderungen an eine gesundheitsförderliche Gestaltung der Prozesse zu ermitteln. Als Beispiele hierfür können wir – wie oben erwähnt – die Gefährdungsanalyse, die Analyse der Gesundheitschancen und -risiken, die Mitarbeiterbefragung, die Empfehlungen von Verbänden oder Organisationen, die Methoden des Arbeitsschutzes bzw. der Arbeitssicherheit aufzählen.

Gleiches gilt für die gesetzlichen Forderungen an das Unternehmen.

Beispiele hierfür sind:

* Studium der relevanten Gesetze z. B. durch Infos von Verbänden
* Nutzung der Rechtsabteilung
* Inanspruchnahme von Diensten des Gesetzgebers

Letztendlich müssen wir zum Thema „Anwendungsbereich" zeigen können, dass wir alles, was wir an Forderungen der Interessierten Parteien, der Arbeitssysteme und Prozesse sowie der gesetzlichen Forderungen ermitteln, bewerten und erfüllen, auch „darlegen" können. „Darlegen" kann man z. B. durch schriftliche Festlegungen (Dokumente bzw. Aufzeichnungen, Verfahrensanweisungen, Prozessbeschreibungen, Intranet, Web- Auftritt, Datenanalysen, Trendanalysen von Kennzahlen).

DIN SPEC 91020

4.4 Betriebliches Gesundheitsmanagementsystem

Die Organisation muss ein Betriebliches Gesundheitsmanagementsystem aufbauen, dokumentieren, verwirklichen, aufrechterhalten und dessen Wirksamkeit ständig verbessern.

Im Mittelpunkt des Vorgehens steht – orientiert am PDCA-Zyklus (en: Plan-Do-Check-Act) – ein Regelkreis.

Die Organisation muss:

a. die für das Betriebliche Gesundheitsmanagementsystem erforderlichen Prozesse und ihre Anwendung in der Organisation festlegen;
b. die Abfolge dieser Prozesse und ihre Wechselwirkung untereinander und zu anderen Prozessen der Organisation festlegen;
c. die erforderlichen Kriterien und Methoden festlegen, um das wirksame Durchführen, Lenken und Prüfen dieser Prozesse sicherzustellen;
d. die Verfügbarkeit von Ressourcen und Informationen sicherstellen, die zur Durchführung und Überwachung dieser Prozesse benötigt werden;
e. diese Prozesse systematisch überwachen, soweit zutreffend, messen und analysieren;
f. erforderliche Verbesserungsmaßnahmen festlegen (siehe Abschn. 10).

Im Rahmen der Evaluation (siehe Abschn. 9) muss die Organisation eine systematische Bewertung aller Prozesse zum Betrieblichen Gesundheitsmanagement und der dabei erzielten Ergebnisse vornehmen, unter Zugrundelegung der festgelegten Ziele (Soll-Ist-Abgleich).

Nachdem jetzt bekannt ist, „wer" „was" fordert und was davon zutreffend ist, kann man sich langsam daran machen, zu überlegen, „wie" es gemacht werden soll (die „Erfüllung" der Forderungen). Genau dazu brauchen wir das Betriebliche Gesundheitsmanagementsystem nach DIN SPEC 91020. Dieses Betriebliche Gesundheitsmanagementsystem wird im Abschn. 4.4 der DIN SPEC 91020 beschrieben.

Die Aufzählung a) bis f) im Abschn. 4.4 der DIN SPEC 91020 beschreibt als Muss-Forderung, wie ein wirksames Betriebliches Gesundheitsmanagement in einem Unternehmen zu realisieren ist. Übergeordnet beschreibt die DIN SPEC 91020 das Betriebliche Gesundheitsmanagement als Regelkreis, der nach dem PDCA-Zyklus in einer kontinuierlichen Verbesserung die Gesundheitsziele erreicht, die in der Gesundheitspolitik beschrieben sind. (PDCA = Plan-Do-Check-Act – vier Schritt Methode im Deming-Zyklus [19]).

Hier zunächst einige kurze Erläuterungen und Inhalte des PDCA-Zyklus zur kontinuierlichen Verbesserung, bevor wir auf die einzelnen Forderungen a) bis f) eingehen:

Plan:

- Datenerhebung durch Analyse der Gesundheitschancen und -risiken
- Bewertung der Daten und Feststellung von Prioritäten bei den Gesundheitschancen und -risiken
- Abgleich mit den für die Unternehmenseinheit zutreffenden strategischen Zielen
- Priorisierung und Festlegung der Maßnahmen zur Erreichung der Ziele mit Angabe von Kosten und Nutzen
- Messgrößen und geplante Ergebnisse, Zuständigkeiten, Termine und Budget für die Maßnahmenumsetzung

Do:

- Umsetzung der Maßnahmenpläne
- Regelmäßige Berichterstattung über den Status der Maßnahmen
- Anpassung der Maßnahmenpläne

Check:

- Überprüfung der erreichten Ergebnisse
- Abgleich der geplanten und erreichten Messgrößen

Act:

- Wiederholung der eingangs durchgeführte Analyse, Bestimmung des Fortschritts
- Einbeziehung der noch nicht ausgeschöpften Potenziale und der aktuellen strategischen Ziele in die Planung der zukünftigen Periode

Ein Managementsystem stellt also sicher, dass die Anforderungen an das Unternehmen richtig ermittelt, bewertet, erfüllt und ständig verbessert werden. Das nennen wir „Wirksamkeit" eines Managementsystems. Hierzu gibt die DIN SPEC 91020 eine klare Struktur vor, wie ein wirksames Betriebliches Gesundheitsmanagement aufgebaut sein muss. Diese Struktur findet man übrigens auch in anderen Managementsystemen.

In den Punkten a) bis f) des Abschn. 4.4 der DIN SPEC 91020 ist die grundlegende Struktur aufgelistet. Erläuterungen zu den Muss-Forderungen an ein Betriebliches Gesundheitsmanagement im Einzelnen:

DIN SPEC 91020

a) die für das Betriebliche Gesundheitsmanagementsystem erforderlichen Prozesse und ihre Anwendung in der Organisation festlegen:

Unter Prozessen versteht man Abläufe oder Verfahren in einem Unternehmen, die dazu dienen, ein Produkt, eine Dienstleistung, eine Information oder allgemein ein Output zu erzeugen. Der Output im Betrieblichen Gesundheitsmanagement ist

- die Steigerung des Wohlbefindens der Mitarbeiter und
- die Verbesserung deren Leistungsbereitschaft.

Alle Prozesse, die dazu führen, dieses Ergebnis zu erzeugen, sind Prozesse im Betrieblichen Gesundheitsmanagement. Diese sind je nach Betriebsgröße und Branche sehr unterschiedlich. Dennoch gibt es spezifische Prozesse, die für alle Unternehmen gleich sind. Diese sind hier beispielhaft aufgeführt:

- Ermittlung der Anforderungen der Interessierten Parteien
- Ermittlung gesetzlicher Forderungen
- Ableitung der Gesundheitspolitik aus den Anforderungen
- Analyse von Gesundheitschancen und -risiken
- Ableitung von gesundheitsförderlichen Maßnahmen
- Prozess zum Internen Audit des Betrieblichen Gesundheitsmanagements

Grundsätzlich ist bei allen Prozessen wichtig, dass die Verantwortlichkeiten, der Input und das erwartete Prozessergebnis klar definiert sind.

DIN SPEC 91020

b) die Abfolge dieser Prozesse und ihre Wechselwirkung untereinander und zu anderen Prozessen der Organisation festlegen:

Da das Betriebliche Gesundheitsmanagement nur wenige „eigene" Prozesse hat, ansonsten jedoch Teil der Kern- und Unterstützungsprozesse im Unternehmen ist, hat die Kenntnis der Abfolge von Prozessen und deren Verflechtung sehr große Bedeutung. Geklärt sein muss:

- In welcher Reihenfolge müssen die verschiedenen Aktivitäten in dem Prozess durchgeführt werden?
- Wer ist für die Durchführung verantwortlich, z. B. der Geschäftsprozessverantwortliche oder der „Chef des Betrieblichen Gesundheitsmanagements"? . . . eine spannende Frage!
- Wie und von wem müssen die Aktivitäten durchgeführt werden?
- etc.

Wechselwirkungen von Prozessen: Fast immer benötigen wir zur effizienten Durchführung von Aktivitäten die Unterstützung von anderen Prozessen.

Beispiel: Um ein Internes Audit im Betrieblichen Gesundheitsmanagement durchzuführen, benötigen wir qualifizierte Auditoren. Dies sicherzustellen, ist Aufgabe des Weiterbildungsprozesses, der im Personalwesen angesiedelt ist (i.e. Wechselwirkung zwischen „Internem Audit-Prozess" und „Weiterbildungsprozess").

Weitere Beispiele für unterstützende Prozesse:

- Wartungs- und Instandhaltungsprozesse für Maschinen
- Dokumentenlenkungsprozesse
- EDV-Unterstützung

DIN SPEC 91020

c) die erforderlichen Kriterien und Methoden festlegen, um das wirksame Durchführen, Lenken und Prüfen dieser Prozesse sicherzustellen:

Kriterien dienen grundsätzlich zur Messung bzw. Bewertung der Wirksamkeit, d. h. der Effektivität und Effizienz von Prozessen. Die Festlegung der Kriterien ist eine der umfangsreichsten Aufgaben, die ein Unternehmen bei der Installation eines Betrieblichen Gesundheitsmanagements zu erledigen hat. Diese Kriterien führen zu Kennzahlen, anhand derer man die Effektivität und Effizienz direkt bestimmen kann. Ein Prozess ist effektiv, wenn das gewünschte Prozessergebnis erreicht wird. Ein Prozess ist effizient, wenn das gewünschte Prozessergebnis mit geringstmöglichem Aufwand erzielt wird. Beispiele für Kriterien finden sich in Abb. 12.3. wie:

- Anzahl der gemeinsamen Veranstaltungen
- Ausmaß an Teamarbeit
- Anzahl der Schulungen

Neben der Festlegung von Kriterien fordert die DIN SPEC 91020, dass Methoden festzulegen sind. Methoden sind Standards, Werkzeuge und Verfahren, mit denen man das

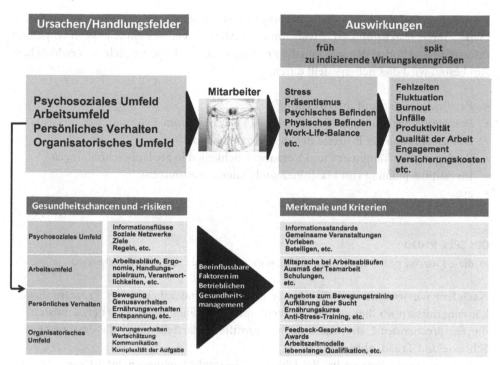

Abb. 12.3 Zusammenhänge im Betrieblichen Gesundheitsmanagement

Prozessergebnis effizient und prozesssicher erreicht. Beispiel: Die Befragung von Mitarbeitern ist ein Prozess. Es gibt verschiedene Methoden, wie man diesen Prozess durchführen kann. Diese könnten sein:

- schriftliche Mitarbeiterbefragung mittels standardisiertem Fragenkatalog
- Interview
- Audit
- etc.

Da es verschiedene Methoden geben kann, einen Prozess zu realisieren, ist es notwendig, die Methoden hierfür festzulegen.

DIN SPEC 91020

d) die Verfügbarkeit von Ressourcen und Informationen sicherstellen, die zur Durchführung und Überwachung dieser Prozesse benötigt werden:

Die beste Systematik hilft nichts, wenn niemand da ist, der sie umsetzen und anwenden könnte. Daher muss sichergestellt werden, dass sowohl geschultes als auch kompetentes

Personal verfügbar ist, um die notwendigen Aktivitäten im Betrieblichen Gesundheitsmanagement durchzuführen. Ebenso müssen Materialien, Maschinen, Werkzeuge und Informationen vorhanden sein, um die Prozesse so effizient wie möglich zu verwirklichen. Am besten wird dies sichergestellt durch:

- Personalplanung und -bereitstellung
- Festlegung der benötigten Fachbereiche im Organigramm
- Dokumentation der Prozesse in einer Prozesslandschaft
- Festlegung der Tätigkeiten und Verantwortlichkeiten in Stellenbeschreibungen
- Investitionsplanung von Maschinen und anderen Ressourcen
- etc.

DIN SPEC 91020

e) diese Prozesse systematisch überwachen, soweit zutreffend, messen und analysieren:

Nachdem wir jetzt wissen, wie wir die Effektivität und Effizienz der Prozesse messen können, müssen wir dies auch konsequent und regelmäßig umsetzen. Hierzu müssen wir die entsprechenden Daten aufnehmen, sinnstiftend darstellen und die entsprechenden Schlüsse und Trends ableiten.

Der wichtigste Prozess im Betrieblichen Gesundheitsmanagement ist die Verbesserung des Wohlbefindens der Mitarbeiter und die damit verbundene Steigerung ihrer Leistungsbereitschaft. Also ist das oberste Ziel, das Wohlbefinden des Mitarbeiters zu ermitteln/analysieren, anhand von Kriterien zu bewerten und daran anschließend Verbesserungsmaßnahmen abzuleiten. Wegen der Wichtigkeit dieser Zusammenhänge sind wir darauf bereits kurz im Teil I, Kap. 1 „Einleitung" in der Abb. 1.1 eingegangen. Im Folgenden wird nunmehr beschrieben, wie ein Betriebliches Gesundheitsmanagement aufgebaut werden kann, um dieses oberste Ziel zu erreichen.

Dazu müssen wir uns zunächst klar machen, welche Zusammenhänge und Abhängigkeiten im Unternehmen bezüglich des Betrieblichen Gesundheitsmanagements existieren. Schauen wir uns hierzu die Abb. 12.3 an.

Im betrieblichen Umfeld wirken im Wesentlichen laut WHO [24] vier Ursachen („Handlungsfelder") auf die Gesundheit des Mitarbeiters ein: das psychosoziale Umfeld, das Arbeitsumfeld, das eigene persönliche Verhalten und das organisatorische Umfeld. Je nach Aufgabenstellung im Betrieb und individueller Konstitution fühlt sich der Mitarbeiter in seiner Arbeitsumgebung wohl, erreicht die an ihn gesetzten Anforderungen und Ziele seines Jobs und gehört zu den auf dem Personalmarkt begehrten und hochdotieren Leistungsträgern. Andere Mitarbeiter reagieren jedoch im betrieblichen Umfeld mit Stress, psychischer oder physischer Unausgeglichenheit oder gar mit dem derzeit viel diskutierten Burn-out. Diese pathogenen Reaktionen stellen sich erfahrungsgemäß sehr schnell ein, wenn das Verhältnis Mitarbeiter-Umfeld zu Mitarbeiter-Person aus der Balance gerät. Schon sehr einfache innerbetriebliche Ereignisse, wie ein nicht genehmigter Urlaubsantrag, ein neuer Vorgesetzter, Qualitätseinbrüche in der Produktion, Umstrukturierungen in der

Organisation, können zu solchen Schieflagen im betrieblichen Gesundheitszustand führen. Ist ein Unternehmen in der Lage, diese feinen Schwingungen in der Belegschaft wahrzunehmen und angemessen feinfühlig darauf zu reagieren, können meist durch sehr einfache Maßnahmen, z. B. in einem offenen Gespräch Korrekturen eingeleitet werden. Werden jedoch erst durch den Anstieg von Fehlzeiten, Fluktuation oder Unfallzahlen oder durch das Sinken der Produktivität oder der Qualitätszahlen die Spätauswirkungen pathogener Strukturen im Unternehmen offensichtlich, so ist die Ursachenermittlung und Umsetzung von Maßnahmen zur Verbesserung meist sehr schwierig. Je später und unspezifischer auf die Gesundheit im Unternehmen eingewirkt wird, desto langwieriger und komplexer wird der Gesundungsprozess. Aus diesem Grund wird in der DIN SPEC 91020 an verschiedenen Stellen eine „Kultur der Aufmerksamkeit" erwähnt, eine Unternehmenskultur, bei der jeder jedem vertrauensvoll behilflich ist, gesund zu werden und zu bleiben.

Ziel ist es, den pathogenen Auswirkungen (Fehlzeiten, Produktivität etc.) systematisch entgegen zu wirken. Dies ist nur möglich, indem wir deren Ursachen (Handlungsfelder) analysieren. Handlungsfelder dienen dazu, die Aktivitäten im Betrieblichen Gesundheitsmanagement zu strukturieren. Bevor man das Wohlbefinden und die Gesundheit der Mitarbeiter sowie deren Leistungsbereitschaft verbessern kann, muss man aus diesen Handlungsfeldern Gesundheitschancen und -risiken ableiten und deren Merkmale und Kriterien definieren.

Für das Handlungsfeld „Psychosoziales Umfeld" beispielsweise wären hier Informationsfluss, soziale Netzwerke, Ziele und Regeln zu nennen. Natürlich ist diese Aufstellung nicht komplett und je nach Unternehmen, Branche und Größe unterschiedlich. Betrachtet man das Beispiel „Informationsfluss", so kann jeder Mitarbeiter ernst zu nehmende Beiträge liefern, was hierbei besser oder wenigstens anders gemacht werden sollte. Besonders für eingefleischte Betriebswirtschaftler oder Prozessoptimierer wird es eine Herausforderung sein zu akzeptieren, dass der Informationsfluss in einem Betrieb nicht nur unter der Zielvorgabe „schneller, kürzer, billiger", sondern auch unter dem gesundheitlichen Aspekt betrachtet wird. Dabei gerät sofort die viel zitierte „100 %-ige Erreichbarkeit" oder die „Kürze der E-Mail-Antwortzeit" in das Blickfeld, die – bewusst oder unbewusst – sehr schnell als Bewertungskriterien für das Engagement und den Einsatzwillen eines Mitarbeiters herangezogen werden. Aufgabe des Betrieblichen Gesundheitsmanagements ist es, Merkmale für einen „gesunden Informationsfluss" zu entwickeln und einzuführen. Allein die simple Regel: „Ich denke, bevor ich antworte" könnte beim täglichen E-Mail-Verkehr so manchen E-Mail-Verteiler verkleinern und lästige Ketten-E-Mails vermeiden. Wer jemals eine Zeitlang mit nordamerikanischen Unternehmen zusammengearbeitet hat, kann sofort nachempfinden, wie heilsam so einfache Verhaltensregeln beim Bewältigen der täglichen mehrwertlosen „Informations-Blindleistung" sein könnten.

So oder so ähnlich werden alle Gesundheitschancen und -risiken in den vier Handlungsfeldern sowie deren Merkmale und Kriterien ermittelt. Befindet man sich auf der Ebene der Kriterien, ist es sehr einfach, hierfür geeignete Kennzahlen abzuleiten. Durch die regelmäßige Analyse und Bewertung der Gesundheitschancen und -risiken können diese optimiert werden.

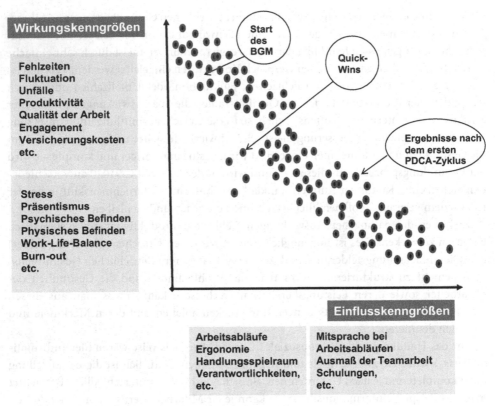

Abb. 12.4 Korrelation der Wirkungs- und Einflussgrößen

Verbesserungsmaßnahmen werden fast immer von den Merkmalen und Kriterien der Gesundheitschancen und -risiken abgeleitet, da wir hier die Wirksamkeit der Maßnahmen anhand der Kriterien direkt messen können. Über die Ursache-Wirkungs-Beziehung (siehe Abb. 1.1) wirken sich diese Maßnahmen direkt und positiv auf die pathogenen Faktoren aus.

Wenn wir durch Maßnahmen konkrete Gesundheitschancen verbessern, dann beeinflussen wir auch die Auswirkung darauf, z. B. die Produktivität. In anderen Worten: wenn wir positive Effekte der Merkmale der Gesundheitschancen (z. B. Handlungsspielraum) durch Kennzahlen (Einflusskenngröße) belegen können, dann können wir auch mit nachgewiesener Sicherheit sagen, dass wir eine positive Auswirkung auf z. B. die Produktivität (Wirkungskenngröße) haben werden. Dies steckt in der viel zitierten Korrelation zwischen dem Wohlbefinden des Mitarbeiters und dem Unternehmenserfolg. Man sollte beim Betrieb bzw. der Realisierung des Betrieblichen Gesundheitsmanagements versuchen, diese Korrelation in Form von Kennzahlen auch darzustellen (Abb. 12.4).

Diese Darstellungsweise in Form der Korrelation ist sowohl für das Berichtswesen des Betrieblichen Gesundheitsmanagements geeignet als auch für die Visualisierung der

individuellen und betrieblichen Win-win Situation. So können die Wirksamkeit der Maßnahmen dargelegt und die Erfolge des Betrieblichen Gesundheitsmanagements graphisch
dargestellt werden. Besonders eindrucksvoll ist diese Darstellung, wenn man die Erfolge der Umsetzungsphasen des Betrieblichen Gesundheitsmanagements in dieser Grafik
erkennen kann (Quick-Wins, Ergebnisse nach dem ersten PDCA-Zyklus etc.).

DIN SPEC 91020

f) erforderliche Verbesserungsmaßnahmen festlegen (siehe Abschn. 10).

Wenn alle BGM-Prozesse im Unternehmen etabliert sind, wir regelmäßig Daten erheben
und analysieren, dann müssen wir beginnen, das Betriebliche Gesundheitsmanagement ständig zu verbessern. Die ermittelten Daten zeigen dabei die aktuelle Effektivität
und Effizienz der Prozesse. Basierend auf dieser IST-Situation setzen wir uns jetzt
Verbesserungsziele und definieren Maßnahmen, um diese Ziele zu erreichen.

Ähnlich einem Qualitätsmanagementsystem können die BGM-Prozesse in einem
eigenständigen Handbuch oder in klar markierten Abschnitten eines integrierten Ma-
nagementhandbuchs beschrieben werden. Als Teil des Handbuches werden alle Prozesse
des Unternehmens und deren wechselseitige Beziehungen in Form einer Prozesslandkarte
dargestellt und die Gesundheitschancen und -risiken jedes einzelnen Prozesses erarbeitet.
Wichtig ist, dass sowohl Gesundheitschancen als auch Gesundheitsrisiken klar benannt
werden. Für jeden Prozess des Unternehmens sind aussagefähige Gesundheitskennzahlen
und/oder -kriterien zu definieren, die eine Beurteilung der Prozessleistung ermöglichen. In
Form einer Verfahrensanweisung ist genau zu definieren, wie, womit und wie oft die Kennzahlen zu ermitteln sind. Eine Überprüfung der Aussagefähigkeit und ggf. eine Anpassung
sind durchzuführen (Beispiele für Kennzahlen siehe Kap. 13 – „Planung").

Die Erfahrung zeigt, dass zumindest eine jährliche Messung und Beurteilung der Wirksamkeit des Betrieblichen Gesundheitsmanagements anzustreben ist, um Trends erkennen
und entsprechende Maßnahmen einleiten zu können. Als Darstellungsform eignet sich
besonders eine Grafik.

Führungsverhalten

13

Zusammenfassung

Wenn man von der herkömmlichen Definition des Betrieblichen Gesundheitsmanagements ausgeht und damit die Summe der einzelnen Gesundheitsfördermaßnahmen in einem Unternehmen versteht, so wird in diesem Abschn. 5 der DIN SPEC 91020 der Paradigmenwechsel besonders evident. Sind die Gesundheitsfördermaßnahmen bislang von Betriebsärzten, Sozialbereichen oder dem Personalwesen geleitet worden, so werden jetzt alle Führungskräfte in die Verantwortung genommen. Das will aber nicht heißen, dass das Wirkungsfeld, z. B. der Betriebsärzte, geschmälert wird. Im Gegenteil: Hat man sich bislang nur sporadisch bei einzelnen Gesundheitsfördermaßnahmen über den gesetzlichen Rahmen hinaus um das Wohlergehen der Mitarbeiter gekümmert, so wird jetzt die Verantwortung für die Gesundheit Teil der individuellen Zielvereinbarung und damit zur täglichen Aufgabe der Führungskräfte.

Eine besondere Rolle kommt dabei der sogenannten „obersten Leitung" zu. Dieser Begriff ist in den Standards anderer Managementsysteme weltweit eingeführt und beschreibt im täglichen Sprachgebrauch den Geschäftsführer, den Vorstandsvorsitzenden, den CEO (= Chief Executive Officer) oder ganz einfach den Chef des Unternehmens, mag dieser Chef männlich oder weiblich sein. Er oder sie trägt letztendlich die Verantwortung für das Wohlergehen der Mitarbeiter und hat zu organisieren, dass das Unternehmen gesund wird und gesund bleibt. Dass die operativen Aufgaben an geeignete Mitarbeiter im Unternehmen delegiert werden, ist klar. Jedoch die wichtigste Aufgabe, nämlich Vorbild für „Gesundheit in der Führung" zu sein, verbleibt bei der Person der obersten Leitung immerzu. Verstöße sollten im obersten Führungskreis nicht toleriert werden.

DIN SPEC 91020

5.1 Führung und Selbstverpflichtung der Leitung

Die Organisation stellt durch ihre Werte, ihr Leitbild und ihre Führungsgrundsätze sicher, dass der Beitrag jedes Mitgliedes zum Erfolg der Organisation wertgeschätzt und die Förderung der Gesundheit der Organisationsmitglieder unterstützt wird.

In der Konsequenz stellt die oberste Leitung einen erforderlichen Wandel der Organisationskultur (d. h. des Zusammenspiels der organisationsspezifischen Werte, sozialen Normen, Denkhaltungen und Paradigmen) zur gesundheitsgerechten und leistungsförderlichen Gestaltung von Arbeit und Organisation sicher, insbesondere indem sie das Betriebliche Gesundheitsmanagement vorlebt, verfolgt und die Befähigung zum gesundheitsfördernden Verhalten der Organisationsmitglieder zum Ziel hat.

Die oberste Leitung muss ihre Selbstverpflichtung bezüglich der Entwicklung und Verwirklichung des Betrieblichen Gesundheitsmanagementsystems und der ständigen Verbesserung seiner Wirksamkeit nachweisen, indem sie:

a. der Organisation vermittelt, wie bedeutsam das Betriebliche Gesundheitsmanagementsystem und die Erfüllung seiner Anforderungen sind, d. h. der Anforderungen:
    - an die Leistungsfähigkeit und Leistungsergebnisse des Arbeitssystems;
    - der Interessierten Parteien;
    - hinsichtlich einer gesundheitsgerechten und leistungsförderlichen Gestaltung des Arbeitssystems;
    - aus zutreffenden rechtlichen Verpflichtungen.
b. die Politik des Betrieblichen Gesundheitsmanagements festlegt (siehe 5.2);
c. Ziele des Betrieblichen Gesundheitsmanagements festlegt (siehe 6.2);
d. Managementbewertungen durchführt (siehe 9.3);
e. die erforderlichen Ressourcen bereitstellt (siehe 7.1);
f. sicherstellt, dass in Veränderungsprozessen, insbesondere in wirtschaftlichen Krisen, die Belange der Organisationsmitglieder berücksichtigt und diese an Veränderungsprozessen beteiligt werden.

Die oberste Leitung muss sicherstellen, dass die Anforderungen der Interessierten Parteien ermittelt und erfüllt werden, mit dem Ziel, die Zufriedenheit der Interessierten Parteien zu erhöhen und die Anforderungen hinsichtlich der gesundheitsgerechten und leistungsförderlichen Gestaltung des Arbeitssystems zu erfüllen.

Die oberste Leitung muss außerdem sicherstellen, dass die geltenden rechtlichen Verpflichtungen bei der Einführung, Verwirklichung und Aufrechterhaltung des Betrieblichen Gesundheitsmanagementsystems berücksichtigt werden.

Die DIN SPEC 91020 fordert als erstes, dass die Arbeitsleistung eines jeden Mitarbeiters wertgeschätzt wird und die Förderung der Gesundheit aller Mitarbeiter seitens der Organisation unterstützt wird. Meist ist dies in den Grundsätzen zur Führung oder dem Leitbild bereits verbal verankert und nicht selten wird dieses abstrakte Bekenntnis bei Veranstaltungen (Betriebsversammlungen, Weihnachtsfeier, Hauptversammlung, etc.) regelmäßig aufgegriffen.

Ob dieses Bekenntnis ehrlich ist, kann von jedem Mitarbeiter sehr konkret nachgeprüft werden, indem er in seine „Lohntüte" schaut. Ein gerechtes und transparentes Entlohnungssystem, gerade in der heutigen Zeit der Niedriglohnsektoren, Leiharbeitskräfte und Werkverträge, bildet die Basis der Wertschätzung jedes Mitarbeiters.

Die persönliche, leistungsbezogene Wertschätzung jedes Einzelnen sollte natürlich auch Teil des regelmäßigen Mitarbeitergesprächs sein. Hierzu sollten die Führungskräfte geschult werden und möglichst einen Gesprächsleitfaden erhalten. Dieser kann neben den klassischen Feedback-Bestandteilen:

- positive Rückmeldung
- konstruktive Kritik mit Begründung
- Ableitung von Maßnahmen

auch temporäre Schwerpunktthemen zu Gesundheitsbelangen und Entwicklungspotenziale enthalten.

Schwerpunktthemen können sein:

- Vereinbarkeit von Beruf bzw. Unternehmensinteressen mit privaten oder familiären Belangen, um daraus Arbeitsmenge und Arbeitszeiten anpassen zu können
- Kollegiale Zusammenarbeit, Kommunikation und interner Informationsfluss (zu viel, zu wenig, zur rechten Zeit, in der optimalen Form)
- Möglichkeiten des Kompetenzzuwachses, Übernahme von anderen oder zusätzlichen Aufgaben (Über- bzw. Unterforderung)
- Pausenregelungen

Nicht nur bei der Neueinführung von regelmäßigen Mitarbeitergesprächen sollten die Mitarbeiter auch in den Grundlagen der Kommunikation weitergebildet werden, damit ein konstruktiver Austausch mit der Führungskraft und innerhalb der Teams erfolgen kann. Hierzu gehören auch solche Selbstverständlichkeiten wie zum Beispiel:

- Pünktlichkeit ist Wertschätzung
- ausreden lassen, aber auf den Punkt kommen
- Verlässlichkeit
- sachliche und konstruktive Kritik

Meinungsverschiedenheiten sowohl in Teams wie auch an den Schnittstellen von Prozessen können oft durch Verbesserung der kommunikativen Fertigkeiten der Mitarbeiter schneller beigelegt werden. Hilfreich kann auch eine institutionalisierte, niederschwellige Konfliktberatung sein.

Um den Paradigmenwechsel der Wertschätzung bis ins Detail auszumalen, soll ein Beispiel aufgezeigt werden: Der Geburtstag von Mitarbeitern. Sicherlich gibt es bereits Unternehmen, in denen Vorgesetzte ihren Mitarbeiter ganz persönlich in einem kleinen Gespräch einen Glückwunsch entgegenbringen. Dies löst schon aus: „Ich bin dem Chef nicht egal, der weiß ja sogar, wann ich Geburtstag habe". Geht man einen Schritt weiter, so kann zusätzlich auch seitens der Organisation der Geburtstag „gefeiert" werden. Falls die Mitarbeiter damit einverstanden sind, so könnte der Bildschirm am Empfang die „Geburtstagskinder des Monats" namentlich oder gar per Foto zeigen. Falls ein Firmenrestaurant

zur Verfügung steht, kann ein Gutschein – möglichst für zwei bis drei persönliche Begleit-
personen – zudem die sozialen Beziehungen unterstützen. Oder: Im Restaurant kann ein
Extratisch gedeckt sein, an dem ein Mitglied der obersten Leitung die „Geburtstagskinder" zum Essen „einlädt". Der Aufwand, Wertschätzung zu zeigen, soziale Beziehungen
zu fördern und echtes Feedback „direkt von der Basis" zu erhalten, ist in diesem Beispiel
minimal, der gesundheitsfördernde und motivierende Effekt unbeschreiblich.

Aber es gibt auch Teilnehmer in unseren Schulungen, die hier gleich antworten: „Geht
gar nicht, verstößt gegen den Datenschutz!" Dieser Einwand lässt einen Rückschluss auf die
jeweilige Unternehmenskultur zu, wie wir meinen. Er zeigt aber auch, dass nicht jede Maßnahme oder Idee bei jeder Organisation wie aus einem Kochbuch umgesetzt werden kann.

In der DIN SPEC 91020 wird die oberste Leitung selbst verpflichtet nachzuweisen, dass
das von ihr beschlossene Betriebliche Gesundheitsmanagement gemäß ihrer geschäftspo-
litischen Ausrichtung und Ziele betrieben und optimiert wird. Diese Selbstverpflichtung
kann in einem Leitbild oder in Führungsrichtlinien ausgedrückt und so die Bedeutung
des Betrieblichen Gesundheitsmanagements und dessen Relevanz für alle Mitarbeiter
fundamentiert werden. Durch eine regelmäßige Kommunikation über die Inhalte und
Wichtigkeit des Betrieblichen Gesundheitsmanagements und der Bedeutung der Gesundheitsziele, sowohl für jeden Einzelnen als auch die Gesamtorganisation, kann erreicht
werden, dass jeder in diesen Prozess eingebunden wird. Dafür bieten sich firmeninter-
ne Medien wie Intranet oder betriebliche Versammlungen an. Allen Mitarbeitern muss
glaubhaft vermittelt werden, dass das Betriebliche Gesundheitsmanagement nicht bei
der nächsten „Finanzkrise" oder der nächsten „feindlichen Übernahme" wegrationali-
siert wird. Es hat die gleiche Wichtigkeit wie etwa das Qualitätsmanagement, ohne dessen
Zertifikat sich keine Produkte verkaufen lassen.

Auf die Themen Betriebliche Gesundheitspolitik (siehe DIN SPEC 91020 Abschn. 5.2);
Ziele im Betrieblichen Gesundheitsmanagementsystem (siehe DIN SPEC 91020
Abschn. 6.2); Managementbewertungen (siehe DIN SPEC 91020 Abschn. 9.3); erforderli-
chen Ressourcen (siehe DIN SPEC 91020 Abschn. 7.1) gehen wir in den entsprechenden
Abschnitten näher ein.

DIN SPEC 91020

5.2 Betriebliche Gesundheitspolitik

Die oberste Leitung ist dafür verantwortlich, dass die betriebliche Gesundheitspolitik ein Bestandteil
der Unternehmenspolitik ist. Sie muss sicherstellen, dass die betriebliche Gesundheitspolitik als Basis
für das Betriebliche Gesundheitsmanagement:

a. für den Zweck der Organisation angemessen ist;
b. eine Verpflichtung zur Erfüllung der Anforderungen an das Betriebliche Gesundheitsmanage-
    ment und zur ständigen Verbesserung der entsprechenden Ergebnisse enthält;
c. einen Rahmen zum Festlegen und Bewerten von Gesundheitsmanagementzielen bietet;
d. bei den Führungsgrundsätzen (siehe 5.1) des Unternehmens berücksichtigt wird;
e. in der Organisation vermittelt und verstanden wird;
f. auf ihre fortdauernde Angemessenheit hin bewertet wird.

Es gibt Unternehmen, die stolz eine ganze Reihe von Papieren vorweisen können, in denen die Vision, die Mission, die Werte, die Politik und Ähnliches beschrieben sind. Erstellt und auf Hochglanzpapier gedruckt wurden diese, nicht selten schwer verständlichen Texte, von Arbeitsgruppen der Strategieabteilungen unter der Anleitung von hochdekorierten, externen Unternehmensberatungen. Häufiges Schicksal dieser gut gemeinten Botschaften an die Mitarbeiter ist, dass sie bei den Adressaten nicht ankommen oder nicht ernst genommen werden. Meist findet jeder sofort Beispiele, bei denen die Werte mit Füßen getreten wurden oder die Vision durch banale Sachzwänge ad absurdum geführt wurde.

Die Gesundheitspolitik, die jeden Mitarbeiter unmittelbar betrifft, muss anders sein. Sie muss von Mitarbeitern für Mitarbeiter erstellt werden. Sie darf keine Phrasen oder Worthülsen enthalten und muss die Sprache der Mitarbeiter sprechen. Basis für die Erarbeitung kann die Grundlagenliteratur von Badura, Walter und Hehlmann [20] oder die Empfehlung der Expertenkommission „Gesunde Arbeit in einem Gesunden Unternehmen" sein [21].

Es bietet sich an, in Form eines Workshops die Inhalte und Formulierungen zu sammeln und zu konkretisieren. An diesem Workshop sollten Unternehmensleitung, Führungskräfte, Mitarbeiter sowie die Mitarbeitervertretung teilnehmen. Es sollte etwas entstehen, was allen Mitarbeitern anschließend bekannt/vertraut sein muss und woraus sich konkrete Ziele ableiten lassen.

Die Gesundheitspolitik kann natürlich auch veröffentlicht werden und so den Interessierten Parteien, potenziellen Bewerbern oder Kunden zeigen, worauf es dem Unternehmen ankommt. Eine öffentliche Kommunikation stärkt die Verbindlichkeit des Papiers.

DIN SPEC 91020

5.3 Aufgaben, Verantwortung und Befugnisse

Die oberste Leitung muss sicherstellen, dass die Verantwortungen und Befugnisse für das Betriebliche Gesundheitsmanagement innerhalb der Organisation schriftlich festgelegt und bekannt gemacht werden, einschließlich der Delegation von Verantwortungen und Befugnissen, auch bezüglich der entsprechenden Beauftragten im Betrieblichen Gesundheitsmanagement.

Die oberste Leitung muss sicherstellen, dass diese Verantwortungen und Befugnisse wahrgenommen werden. Insbesondere müssen alle Führungskräfte dazu verpflichtet werden, das Betriebliche Gesundheitsmanagement als Führungsaufgabe wahrzunehmen.

Die oberste Leitung muss sicherstellen, dass die Führungskräfte hierfür ausreichend qualifiziert und unterstützt werden.

Die oberste Leitung ist verantwortlich dafür, dass:

a. die für das Betriebliche Gesundheitsmanagementsystem erforderlichen Prozesse eingeführt, verwirklicht und aufrechterhalten werden;
b. ihr regelmäßig über die Leistung des Betrieblichen Gesundheitsmanagementsystems und jegliche Notwendigkeit für Verbesserungen berichtet wird;
c. die Förderung des Bewusstseins über die Anforderungen der Interessierten Parteien in der gesamten Organisation sichergestellt wird.

Die oberste Leitung kann diese Aufgaben einem ihr hierfür Verantwortlichen übertragen, behält aber die Gesamtverantwortung.

Der Abschn. 5.2 der DIN SPEC 91020 erinnert sehr stark an entsprechende Abschnitte von Standards zur Beschreibung eines Qualitätsmanagementsystems, und das war auch von den Machern der DIN SPEC 91020 so beabsichtigt. Wie bereits erwähnt, soll das Betriebliche Gesundheitsmanagement eines von mehreren Managementsystemen sein, mit denen ein Unternehmen erfolgreich und effizient geführt wird.

So wie es beim Qualitätsmanagementsystem einen Qualitätsbeauftragten gibt, so sollte es auch beim Gesundheitsmanagement einen „BGM-Beauftragten" geben, an den die oberste Leitung die Aufgaben delegiert und der sich eine Organisationsform und -mannschaft aufbaut, um das Tagesgeschäft prozessual zu erledigen.

Je nach Qualifikation, Organisationsstruktur und -größe kann dieser BGM-Beauftragte für ein oder mehrere Managementsysteme verantwortlich zeichnen, auf alle Fälle bildet er die Schnittstelle zwischen der Mannschaft, den Führungskräften und der Geschäftsleitung sowie externen Interessierten Parteien und Anbietern von Gesundheitsfördermaßnahmen. Hier bieten sich insbesondere die Fachleute des Arbeitsschutzes, des betriebsärztlichen Dienstes oder der Personalentwicklung an. Zu beachten ist die zusätzliche Qualifikation des Mitarbeiters, da die Aufgaben im Betrieblichen Gesundheitsmanagement weit über die im Arbeitsschutz oder in der medizinischen Versorgung hinausgehen. Die grundsätzliche Aufgabe des BGM-Beauftragten ist es, die BGM-Prozesse festzulegen und zu realisieren.

Beispiele für BGM-Prozesse:

- Ermittlung der Anforderungen der „Interessierten Parteien"
- Analyse der Gesundheitschancen und -risiken
- Bewertung der Gesundheitschancen und -risiken
- Ableitung von Maßnahmen aus der Analyse
- Festlegung und Erfassung von Kennzahlen der Gesundheitschancen und -risiken
- Berichterstattung über Gesundheitsanalysen

Die Stellenbeschreibung für den BGM-Beauftragten könnte folgende Aufgaben enthalten:

- Fachliche Verantwortung für die Einführung, Aufrechterhaltung und Weiterentwicklung des Betrieblichen Gesundheitsmanagements
- Verantwortliche Mitwirkung bei Definition von Gesundheitschancen und -risiken im Unternehmen
- Mitwirkung bei der Festlegung von Merkmalen und Kriterien (Kap. 12 „Umfeld des Unternehmens")
- Planung und Durchführung der Analyse von Gesundheitschancen und -risiken
- Regelmäßige Berichterstattung über die Ergebnisse der Bedarfsanalysen mit Verbesserungsvorschlägen (kontinuierliche Verbesserung)
- Verantwortung, Umsetzung und Überwachung der gesundheitsfördernden Maßnahmen
- Ermittlung des Ressourcenbedarfs

- Regelmäßige Berichterstattung an die oberste Leitung über die Wirksamkeit des Betrieblichen Gesundheitsmanagements und die Effizienz der Prozesse und Maßnahmen des Betrieblichen Gesundheitsmanagements in den einzelnen Unternehmensprozessen
- Kontaktperson für Gesundheitsthemen intern wie extern und Vertretung in Gremien
- Leitung und Koordination von Arbeitskreisen zum Betrieblichen Gesundheitsmanagement
- Sicherstellung von Qualifizierung und Training zum Themengebiet Gesundheit
- Unterstützung der Führungskräfte bei der Förderung von Gesundheit
- Zusammenarbeit und Koordination mit Experten des Arbeits- und Gesundheitsschutzes (Sicherheitsfachkraft, Arbeitsmedizin)
- Interne Kommunikation zum Thema Betriebliches Gesundheitsmanagement
- Befugnisse wie Einberufung von Sitzungen, Budgetverantwortung (Vergabe von Aufträgen und Bestellung von Materialien)

Falls es im Unternehmen bereits ein Umwelt- oder Arbeitssicherheitsmanagementsystem gibt, bietet sich aufgrund des Aufgabengebietes die Einbindung des Betrieblichen Gesundheitsmanagements in ein integriertes Managementsystem, z. B. EHS-System an (EHS E = Enviromental/Umwelt, H = Health/Gesundheit, S = Safety/Arbeitssicherheit), so dass Synergien insbesondere in der Dokumentation, den Audits und im Berichtswesen (Managementreview) genutzt werden können.

Ein Garant für den langfristigen Erfolg eines Betrieblichen Gesundheitsmanagements ist die Überzeugung der Führungskräfte. Nur durch ausreichende Qualifizierung und Unterstützung gewinnt man die Führungskräfte dafür, dass sie das Wohlergehen der Mannschaft als ebenso wichtige Aufgabe ansehen wie deren fachliche Aufgaben am Produkt oder an der Dienstleistung. Da das heutige Ausbildungsprofil junger Nachwuchskräfte weit von einer flächendeckenden Qualifikation für Gesundheitsfragen im Betrieb entfernt ist, kommt diesem Punkt sehr große Bedeutung zu.

Zuerst gilt es, ein gemeinsames Grundverständnis über „Gesundheit im Unternehmen" zu erarbeiten. Insbesondere gilt es, verpflichtende gemeinsame Werte und Normen festzulegen, Gesundheitschancen zu erkennen und zu verstehen, dass sich langfristig gesunde Mitarbeiter positiv auf das Unternehmensergebnis auswirken. Themen wie Ergonomie am Arbeitsplatz, Teamarbeit, Kommunikation, Arbeitsorganisation zur Vereinbarkeit von Familie und Beruf sind in diesem Kontext zu behandeln.

Planung

14

Zusammenfassung

Der sagenumwobene Ford- und Chrysler-Manager Lee Iaccoca [25], der sich als genialer Ingenieur, aber auch als beinharter Sanierer einen Namen gemacht hat, formulierte einst: „Setzen Sie sich hin und bringen Sie Ihre großartige Idee zu Papier. Wenn Sie das nicht können, dann ist sie nicht wirklich durchdacht." In diesem Sinne ist der Abschnitt „Planung" der DIN SPEC 91020 in erster Linie als gedankliche und kommunikative Aufgabenstellung in einem Unternehmen zu sehen. Erst wenn die Gesundheitschancen und -risiken in allen Mitarbeiterebenen ermittelt sind und anerkannt wird, dass sie sowohl dem Einzelnen als auch dem Unternehmen Nutzen bringen, können konkrete Gesundheitsmaßnahmen bedarfsgerecht geplant und umgesetzt werden. Dieser zweite Schritt ist dann vergleichsweise einfach zu erledigen. Methoden dazu werden im Folgenden erläutert.

DIN SPEC 91020

6 Planung

6.1 Ermittlung und Bewertung von Gesundheitschancen und -risiken

Das Umfeld der Organisation (siehe 4.1) und die Erfordernisse und Erwartungen der Interessierten Parteien (siehe 4.2) stellen hohe physische und psychische Herausforderungen an die Organisationsmitglieder. Das Ziel des Betrieblichen Gesundheitsmanagements ist es, diesen Effekten so zu begegnen, dass Organisationsmitgliedern keine gesundheitlichen Nachteile entstehen und gleichzeitig Motivation, Engagement, gelebte Organisationskultur, Verantwortungsbewusstsein usw. gestärkt werden (siehe 4.3).

In der Abwägung dieser betrieblichen Gesundheitschancen und -risiken entsteht eine Balance von Produktivitätszuwachs und Wettbewerbsvorteil im Einklang mit Wohlbefinden und nachhaltiger Gesundheit der Organisationsmitglieder, denn die Mitglieder stellen das höchste Gut einer jeden Organisation dar.

M. Kaminski, *Betriebliches Gesundheitsmanagement für die Praxis*,
DOI 10.1007/978-3-658-01274-8_14, © Springer Fachmedien Wiesbaden 2013

Dazu muss die Organisation ein dokumentiertes Verfahren zur Ermittlung und Bewertung von Gesundheitschancen und -risiken festlegen, das beschreibt, wie:

a. die Zuständigkeiten und Verantwortungen für die systematische Durchführung dieses Verfahrens festgelegt sind;
b. betriebliche Gesundheitschancen und -risiken angemessen ermittelt, analysiert, qualitativ und/oder quantitativ bewertet werden und welche geeigneten Kennzahlen hierzu festgelegt sind;
c. Maßnahmen zur Erreichung der Gesundheitschancen und zur Vermeidung von betrieblichen Gesundheitsrisiken ermittelt und deren Integration in die Geschäftsprozesse umgesetzt werden;
d. die Wirksamkeit der Maßnahmen ermittelt, berichtet (siehe Abschn. 9) und erforderliche Verbesserungsmaßnahmen abgeleitet werden.

Geeignete Aufzeichnungen nach 7.5.3 sind zu führen.

ANMERKUNG 1: Folgende Methoden können zur Ermittlung und Bewertung der Gesundheitschancen und -risiken beitragen:

a. Betriebliches Vorschlagwesen;
b. Gefährdungsbeurteilung;
c. Gesundheitszirkel;
d. Mitarbeiterbefragung;
e. Mitarbeitergespräche;
f. SWOT-Analyse.

ANMERKUNG 2: Im oben geforderten Verfahren zur Ermittlung und Bewertung der Gesundheitschancen und -risiken sollten folgende Aspekte enthalten sein:

a. Beteiligung der Organisationsmitglieder bei Planung, Analyse und Durchführung der Maßnahmen;
b. Festlegung und Überwachung von Kennzahlen zum Betrieblichen Gesundheitsmanagement, inkl. ökonomischer Erfolgskennzahlen;
c. Sammlung von Informationen vergleichbarer Organisationen und Prüfung auf Anwendbarkeit im eigenen Arbeitssystem bzw. in der eigenen Organisation.

ANMERKUNG 3: In der Analyse der Gesundheitschancen und -risiken sollten Aspekte wie z. B. Absentismus, Präsentismus, Organisationspathologien (Mobbing, innere Kündigung, Burnout etc.), Gesundheitspotentiale (im Bereich der Führung, Unternehmenskultur, Arbeitsbedingungen, zwischenmenschlichen Beziehungen) und Gesundheitskompetenzen beachtet werden

Beim Betrieblichen Gesundheitsmanagement geht es also nicht darum, Gesundheitsmaßnahmen nach dem „Gießkannenprinzip" oder nur weil sie gerade „in" oder „billig zu haben sind" über die Mitarbeiter zu verbreiten und das Wohlbefinden der Mitarbeiter „um jeden Preis" in den Vordergrund zu stellen, sondern eine Abwägung zu finden, wie durch die angemessene Investition in die Gesundheit der Mitarbeiter ein nachhaltiger Produktivitätszuwachs zu erreichen ist. Die DIN SPEC 91020 fordert in diesem Zusammenhang eine reproduzierbare und transparente Analyse, die durch ein dokumentiertes Verfahren zu implementieren ist. Dabei sind die Zuständigkeiten und Verantwortungen für die Analyse, das Verfahren zur Ermittlung der Gesundheitschancen und -risiken und deren Kennzahlen, die Maßnahmen und deren Integration in die Geschäftsprozesse und die Wirksamkeitskontrollen und Verbesserungspotenziale der Maßnahmen niederzulegen und zu kommunizieren.

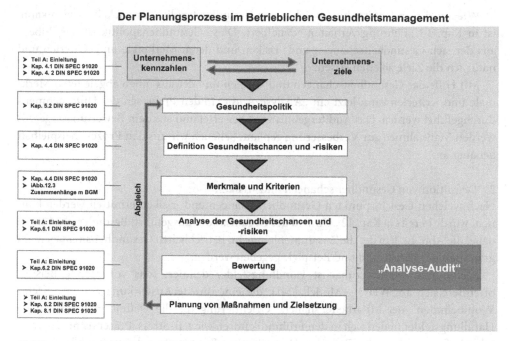

Abb. 14.1 Planungsprozess im Betrieblichen Gesundheitsmanagement

1. Planungsprozess

Bevor ein konkretes Beispiel für ein solches Analyse-Verfahren beschrieben wird, soll der Planungsprozess erläutert werden. (siehe Abb. 14.1).

Grundlage und Startpunkt der Planung in einem Betrieblichen Gesundheitsmanagement sind die allgemeinen Unternehmensziele und die damit verbundenen Kennzahlen. Diese Kennzahlen sind neben betriebswirtschaftlichen Kennzahlen (z. B. Umsatz, Gewinn, Kosten, ROI-Return on Investment) auch Kennzahlen aus dem bereits vorhandenen Qualitätsmanagementsystem (z. B. Ausschusskosten, Fehlerraten, Fehlerhäufigkeit, Reklamationsraten). Diese Kennzahlen müssen jetzt um Kennzahlen für das Betriebliche Gesundheitsmanagement erweitert werden. Wie schon in Kap. 1 „Einleitung" oder in Kap. 12 „Umfeld der Organisation" beschrieben, gibt es dafür konkrete Anforderungsprofile. Bevor diese nicht eindeutig und intern anerkannt zu Papier gebracht sind, ist jeder weitergehende Schritt mit dem Risiko behaftet, ein falscher oder unnötiger Schritt zu sein, da nach vollzogenen Gesundheitsmaßnahmen nicht überprüft werden kann, ob diese Maßnahmen im Sinne der beschriebenen Win-win-Situation von Nutzen waren. Zugegebenermaßen gibt es derzeit noch kein international anerkanntes und etabliertes Kennzahlensystem für das Betriebliche Gesundheitsmanagement, weshalb zumindest intern klar sein muss, wie die Wirkungen und der Erfolg des Betrieblichen Gesundheitsmanagements gemessen werden sollen.

An dieser Stelle sei Lesern, die sehr pragmatisch den Teil A dieses Buches übersprungen haben, in diesem Zusammenhang nahegelegt, die Erfahrungen in Kap. 7 „Stolpersteine" zu studieren.

Wie aus diesen Unternehmenszielen eine Gesundheitspolitik entwickelt werden kann, ist in Kap. 13 „Führungsverhalten" detailliert. Diese Gesundheitspolitik ist die „Bibel", aus der sich Gesundheitschancen und -risiken und deren Merkmale und Kriterien und natürlich die Ziele ableiten lassen.

Mit Hilfe der Gesundheitschancen und -risiken und der aus ihnen abgeleiteten Merkmale und Kriterien kann jetzt ein „Analyse-Audit" in den Prozessen des Unternehmens durchgeführt werden. Das Auditergebnis wird bewertet und aus dem Bewertungsergebnis werden Maßnahmen zur Verbesserung geplant. Schauen wir uns den Prozess beispielhaft genauer an.

2. Definition von Gesundheitschancen und -risiken
Nach welchen Gesichtspunkten Gesundheitschancen und -risiken ermittelt werden können, wurde bereits in Kap. 12 „Umfeld der Organisation" ausgeführt. Besonders wichtig ist dabei die Abb. 12.3, in der die Zusammenhänge im Betrieblichen Gesundheitsmanagement graphisch dargestellt sind und Beispiele gegeben werden.

Methodisch werden zunächst Handlungsfelder definiert (das vorliegende Beispiel orientiert sich am WHO – Modell [24]), die eine direkte Auswirkung auf das „Nicht-Wohlbefinden" der Mitarbeiter haben. Orientierung für die Definition der richtigen Handlungsfelder finden sich in den Frühindikatoren wie z. B. Stress, Präsentismus, psychisches Befinden, physisches Befinden, Demotivation, Frust sowie in den Spätindikatoren wie z. B. Fehlzeiten, Fluktuation, Burn-out, Unfälle, Produktivität. Je Handlungsfeld werden dann (mehrere) Gesundheitschancen und -risiken festgestellt, die jeweils um (mehrere) Merkmale und Kriterien erweitert werden. So wird erreicht, dass konkrete und messbare Gesundheitsmaßnahmen in jedem Handlungsfeld festgelegt werden können, deren interne und ggf. auch externe Überprüfung möglich ist.

Zur Verdeutlichung sind an dieser Stelle, orientiert am WHO-Modell, nochmals die Handlungsfelder, daraus resultierend Beispiele für Gesundheitschancen und -risiken sowie deren Merkmale und potenzielle Kennzahlen aufgelistet:

WHO-Handlungsfeld	Gesundheitschancen und -risiken	Merkmale (je ein Beispiel von vielen Möglichkeiten)	Kriterien, Kennzahlen
Psychosoziales Umfeld	Fairness	Objektive Arbeitsbewertungen	Zahl an abgestimmten Messgrößen
	Handlungsspielraum	Beteiligung an der Planung der Arbeit	Mitbestimmung bei Arbeitsabläufen in %
	Toleranz	Einrichtungen für andere Kulturkreise	Zahl der Einrichtungen
	Gemeinsame Werte und Ziele	Meetings über gemeinsame Ziele	Zahl an Meetings
	Soziale Netzwerke	vom Unternehmen organisierte Veranstaltungen	Zahl der Veranstaltungen und deren Beteiligung
etc.			

Arbeitsumfeld	Sinnhaftigkeit der Arbeit	Kenntnis über Zweck der Arbeit	Kenntnis der Mitarbeiter während Audit in %
	Teamkultur	Gemeinsame Entscheidungen	Anteil von Teamabstimmungen in %
	Gestaltung von Arbeitsmitteln	Ergonomie Schulungen und Einweisungen	Zahl an Schulungen oder Nutzung ergonomischer Einrichtungen
	Abwechslung bei der Arbeit	Verschiedene Arbeitsgänge	Zahl an verschiedenen Arbeitsmöglichkeiten
	Planbarkeit der Arbeit	Ungeplante Mehrarbeitszeit	Überstunden-Statistiken
	Feedback	Standardisiertes Feedback Verfahren	Quote der durchgeführten Feedbacks
	etc.		
Persönliches Verhalten	Ernährung	Ernährungskompetenz	Zahl und Teilnahmequote an Schulungen
	An- und Entspannung	Angebotsvielfalt	Angebotszahl und Zahl der Teilnehmer
	Weiterbildung	Soft-Skill-Trainings	Zahl der Angebote und Teilnahmequote
	Bewegung	Angebote an aktiven Pausen	Zahl der Angebote
	etc.		
Organisatorisches Umfeld	Führungsverhalten	Standardisierte Aufwärtsbewertung	Punktzahl der Bewertung
	Work life balance	Handynutzung außerhalb der Arbeitszeiten	Anzahl der Anrufe/Mails und deren Beantwortung außerhalb der Arbeitszeiten
	Arbeitszeitmodelle	Informationen der Mitarbeiter	Quote der Mitarbeiter, die Modelle kennen
	Wertschätzung	Regelmäßige persönliche Begrüßung	Konsequenz der Begrüßung in %
	Kommunikation	Führungsgespräche	Zahl der Führungsgespräche
	etc.		

3. Ableitung von Merkmalen, Kriterien und Kennzahlen

Ziel ist und bleibt, dass durch die Gesundheitsmaßnahmen eine Verbesserung des Wohlbefindens und der Leistungsfähigkeit der Mitarbeiter erreicht werden sollen. Heutige,
singuläre Gesundheitsfördermaßnahmen, zeichnen sich meistens dadurch aus, dass sie
gesundmachend auf die Mitarbeiter verteilt werden, solange das dafür bereitgestellte Budget ausreicht und bestenfalls ein missmutig ausgefüllter „Feedback-Fragebogen" Auskunft
darüber gibt, ob diese Gesundheitsfördermaßnahme „beim teilnehmenden Mitarbeiter angekommen ist". Ein Managementsystem gibt sich damit nicht zufrieden. Hier brauchen
wir Merkmale, die konkret bewertet werden können, d. h. bei denen jeder sofort versteht, ob das Merkmal vorhanden ist oder nicht. Abstrakte („weiche") Faktoren, können
nur gefühlsmäßig bewertet werden und taugen daher in einem Managementsystem nicht
sonderlich, es sei denn, sie werden messbar gemacht. Beispiel: Die Gesundheitschance
„Handlungsspielraum" ist ein wichtiger Faktor, der zeigt, ob sich Mitarbeiter bei ihrer
Tätigkeit wohlfühlen oder nicht. Schade nur, dass wir nicht konkret messen können, was
Handlungsspielraum bedeutet. Das dazugehörende Merkmal „Beteiligung an der Planung
der Arbeit" kann man konkret bewerten: Der Mitarbeiter wird „beteiligt" oder „manchmal beteiligt" oder eben „nicht beteiligt" oder wie in unserem Beispiel aus der Tabelle
prozentual beteiligt. Diese konkrete Messgröße ist dann das Kriterium.

Um festzustellen, ob Maßnahmen den gewünschten Erfolg gebracht haben, müssen
solide, reproduzierbare Messkriterien (Kennzahlen) erarbeitet werden. Diese sind Basis für
die „Wirksamkeitskontrolle" des Betrieblichen Gesundheitsmanagements (siehe Beispiele
in obiger Tabelle).

4. Analyse der Gesundheitschancen und -risiken („Analyse-Audit")

Nach diesen vorbereitenden, jedoch fundamental wichtigen Prozessschritten, kann die
Analyse der Gesundheitschancen und -risiken und deren Bewertung und die Planung der
Maßnahmen im Detail in Angriff genommen werden. Einzelne grundlegende Aspekte sind
bereits in Kap. 1 „Einleitung" angesprochen worden, eine weitere Detaillierung und insbesondere Methoden und Verfahren zur Durchführung der Analyse werden im Folgenden
behandelt. Informationen aus bestehenden Systemen wie Vorschlagswesen oder Gesundheitszirkel sollten auf jeden Fall genutzt werden, doch reichen sie oft für eine grundlegende
Analyse der Gesamtorganisation nicht aus. Die Erfahrung zeigt, dass die Analyse des Gesundheitszustands eines Unternehmens mittels herkömmlicher universitärer Methoden,
wie Mitarbeiterbefragung, sehr schnell an die Akzeptanzgrenze der Belegschaft gerät. Die
hier beschriebene Methode des „Analyse-Audits" kann Abhilfe schaffen.

Die Analyse der Gesundheitschancen und -risiken ist wohl der schwierigste, aber auch
wichtigste Teil eines wirksamen Betrieblichen Gesundheitsmanagements. Die Erfahrung
zeigt (siehe auch Kap. 7 „Stolpersteine"), dass eine Unterstützung durch neutrale, externe
Berater nicht nur bei der Planung der Analyse, sondern besonders bei deren Durchführung für das Unternehmen in der Anfangsphase nicht nur kostensparend, sondern auch
„Mitarbeiter-schonend" sein kann. Grundsätzlich betrifft die Analyse alle Funktionsbereiche, Prozesse und Kompetenzen des Unternehmens, jedoch wird bei der erstmaligen

Einführung eines Betrieblichen Gesundheitsmanagements sicherlich zunächst ein Pilotbereich, ein sogenannter „friendly customer" ausgewählt. Sein Chef muss von seiner
persönlichen Einstellung her gesehen von vornherein vom Nutzen des Betrieblichen Gesundheitsmanagements überzeugt sein. Er sollte auch bereit sein, als „Leuchtturm" für den
nachfolgenden „Roll-out" Beispiel für das Unternehmen zu geben.

In der DIN SPEC 91020 finden sich einige Beispiele für die Analyse der Gesundheitschancen und -risiken. Welches Verfahren gewählt wird, hängt von der Struktur,
Größe, Globalisierung, etc. des Unternehmens ab. Die beiden Verfahren „Mitarbeiterbefragung" und „Analyse-Audit" werden im Folgenden detailliert und mit Praxiserfahrungen
angereichert.

5. Mitarbeiterbefragung
Eigentlich sollte man ja meinen, dass ein ansprechend aufgemachter Fragenkatalog der
Gesundheitsmanager und die ehrlichen Antworten der Mitarbeiter die beste und einfach-
ste Art sei, um an Informationen über deren Wohlbefinden zu kommen. Im täglichen
Betriebsalltag ist es aber so nicht!

Jedes Unternehmen (ab einer gewissen Belegschaftsgröße) hat heute schon Erfahrungen
mit Mitarbeiterbefragungen gemacht, wenn es darum geht, subjektive Stimmungslagen der
Mitarbeiter zu erkunden. In der Übersicht gibt es dabei je hälftig Unternehmen, die dieses
Analyseinstrument mit Erfolg eingesetzt haben und andere, die es nie wieder einsetzen
werden. Letztere zu überzeugen, dass die Mitarbeiterbefragung trotzdem zur Analyse von
Gesundheitschancen und -risiken das geeignete Tool ist, wäre vergeblicher Aufwand, da
die emotionale Komponente beim Thema Mitarbeiterbefragung sehr groß ist.

Soll also eine Mitarbeiterbefragung durchgeführt werden, so ist diese unternehmensweit
durchzuführen. Jede selektive Befragung führt spontan zu Frustration in der Belegschaft:
„...warum die und wir nicht... sind wir Mitarbeiter 2. Klasse?.... bei uns ist auch
nicht alles eitel Sonnenschein....". Selbst wenn versucht wird, mit dem Argument der
Pilotierung Verständnis zu erzeugen, ist der Aufwand für diese Kommunikation speziell
bei Unternehmen mit starken Arbeitnehmervertretungen nicht zu unterschätzen.

Erster Schritt zur Entwicklung einer Mitarbeiterbefragung ist die Auswahl der Fragen.
Man sollte möglichst einen bereits etablierten Fragebogen um unternehmensspezifische
Aspekte ergänzen, was zu umfangreichen Fragenkolonnen und hohem Zeitaufwand für
die Beantwortung führen kann. Zudem muss die Fragenstellung unternehmensweit an-
gelegt werden. Da Mitarbeiter die sie betreffenden Gesundheitschancen und -risiken aber
eher prozessual oder lokal auf ihren Bereich oder den Arbeitsplatz im Blickfeld haben, muss
hier mit einem Spagat gelebt werden: entweder viele Fragen, die einige nicht betreffen und
somit Frustration und Unverständnis auslösen oder wenige Fragen, die sehr allgemein
formuliert sind. Beide Fälle bergen das Risiko, nicht hinreichende Informationen bezüglich der Gesundheitschancen und -risiken zu generieren. Nicht nur um den Datenschutz
sicherzustellen, sondern auch um maximales Vertrauen in diese Aktion zu erreichen, ist es
auf alle Fälle wichtig, die Arbeitnehmervertretung bereits in die Generierung der Fragen
einzubinden.

Ist dementsprechend ein geeigneter Fragenkatalog vereinbart, so stellt sich die Verfahrensfrage nach der Abwicklung der Befragung. Da es Ziel ist, die Antwort jedes Einzelnen über sein subjektives Wohlbefinden im betrieblichen Alltag zu erhalten, wird ein Verschicken des Fragenkatalogs nach Hause eher hinderlich sein. Eine Beantwortung außerhalb des Unternehmens birgt die Risiken, dass viele Mitarbeiter bei Durchschreiten des Werkstors eine andere Beurteilung ihrer betrieblichen Situation vornehmen als direkt „an der Werkbank". Die Beantwortung des Fragenkatalogs während der Arbeitszeit, bestenfalls sogar am Arbeitsplatz durchzuführen, ist jedoch eine nicht zu unterschätzende organisatorische Aufgabenstellung. Bei der elektronischen Form besteht das Risiko, dass die Anonymität nicht gewahrt bleibt und eventuell mit geringen Rücklaufquoten gerechnet werden muss. Es sollte jedem klar sein, dass, wie immer die Mitarbeiterbefragung auch durchgeführt wird, eine Erwartungshaltung bei den Mitarbeitern aufgebaut wird, die nicht enttäuscht werden darf. Die Erwartungshaltung ist bei Fragen nach dem Wohlbefinden umso größer und individuell emotionaler, je konkreter nach Missständen gefragt wird (siehe dazu auch Kap. 2 „Das gesunde Unternehmen").

Vorteil der flächendeckenden Mitarbeiterbefragung ist, dass die Auswertung der Antworten wegen der Masse an Daten mit statistischen Methoden erfolgen kann. Daher kann man davon ausgehen, dass nachvollziehbare und belegbare Ergebnisse präsentiert werden können. Wird jedoch versucht, die Antworten auf kleine Organisationseinheiten zu beziehen oder auszuwerten, so werden sehr schnell Grenzbereiche des Datenschutzes erreicht und Konflikte mit Mitarbeitern und Führungskräften sind vorprogrammiert. Die Erfahrung zeigt, dass die Ergebnisse von Mitarbeiterbefragungen besonders in der Geschäftsführung Irritationen auslösen. Der Hauptgrund ist, dass die Mitarbeiter bei Fragen bezüglich der Geschäftsführung sehr geneigt sein könnten, „endlich einmal mit denen da oben abrechnen zu können" und deswegen die Geschäftsführung generell schlecht benotet wird. Diesen emotionalen Aspekt unterstellend misstrauen sehr viele Chefs den Auswertungen von Mitarbeiterbefragungen, was für die nachfolgende Ausarbeitung und Umsetzung von Gesundheitsmaßnahmen sicherlich nicht sonderlich förderlich ist. Zudem ist zu bedenken, dass eine aufwendige Befragung nicht ohne hohen Aufwand und auch nicht schnell dazu eingesetzt werden kann, die Wirksamkeit von Maßnahmen zu überprüfen. Als Basisinformation über den Gesundheitszustand der Gesamtorganisation ist sie allerdings sehr hilfreich.

Zusammenfassend: Die Mitarbeiterbefragung ist ein mögliches Instrument zur Analyse der Gesundheitschancen und -risiken, das Beste ist sie nicht.

6. Konzept des Analyse-Audits
Ein fertiges Tool mit dem Namen „Analyse-Audit" hier zu präsentieren, das den Anschein erweckt, man werfe oben eine Münze ein und unten falle eine fertige Analyse der Gesundheitschancen und -risiken eines Unternehmens heraus, wäre vermessen und wird von einem gewissenhaften Leser auch nicht erwartet. Was hier beschrieben wird, ist eine Methode, die in der Praxis erfolgreich erprobt wurde, sehr einfach ist und sehr gute Ergebnisse liefern kann.

Zur Erklärung des Begriffs „Analyse-Audit": das Analyse-Audit ist von der Vorgehensweise her betrachtet eine Art internes Audit, angelehnt an die genormten Verfahren zum
Audit von Managementsystemen (siehe auch ISO 19011 [22] sowie ISO 17021 [16]). Bei einem „normalen" internen Audit eines Managementsystems (z. B. DIN ISO 9001 oder DIN
SPEC 91020) befragt der Auditor die Führungskräfte und Mitarbeiter, ob und wie alle Anforderungen des jeweiligen Managementsystems erfüllt sind, bewertet den Erfüllungsgrad,
stellt ggf. Abweichungen fest und erteilt die Aufgabe, Verbesserungsmaßnahmen einzulei-
ten. Das „normale" interne Audit ist also eine Art Selbstprüfung, ob ein Unternehmen die
Forderungen eines Standards erfüllt.

Beim Analyse-Audit werden ebenso Führungskräfte und Mitarbeiter befragt. Bei diesem
Audit werden jedoch nicht die Anforderungen der DIN SPEC 91020, sondern die Ausprä-
gung der zuvor definierten Gesundheitschancen und -risiken anhand der Merkmale und
Kriterien hinterfragt. Dieses Audit findet in allen Prozessen bzw. in den verschiedenen Tätigkeitsklassen eines Prozesses statt. Anschließend werden die Merkmale und Kriterien der
Gesundheitschancen und -risiken bewertet, die vorher unternehmensspezifisch definiert
oder gar während des Analyse-Audits erweitert wurden. Das Audit wird immer angelehnt
an die genormten Verfahren zum Audit von Managementsystemen (ISO 19011 sowie ISO
17021) durchgeführt. Es kann und sollte aber auch zur Überprüfung eingesetzt werden, um
Veränderungen aufzuzeigen und die Wirksamkeit von Maßnahmen beurteilen zu können.

7. Vorbereitung auf das Analyse-Audit

Erfahrene Auditoren von Managementsystemen erfüllen sehr gute Eingangsvorausset-
zungen, um sich für ein Analyse-Audit im Betrieblichen Gesundheitsmanagement
weiterqualifizieren zu können, da sie den „Anforderungskatalog an Auditoren und an
Audits" [22] bereits kennen. Sich die Kenntnisse der DIN SPEC 91020 und die Grundlagen von Betrieblichen Gesundheitsmanagementsystemen anzueignen, dürfte demzufolge
kein größeres Problem darstellen, zumal vorliegendes Buch die wichtigsten Fakten inklu-
sive hilfreicher Kommentare liefert und Praxis-Trainings dazu angeboten werden. Aber
auch „Gesundheitsexperten" können und sollten sich mittels Schulungen für Auditoren
das Auditoren-Handwerkszeug aneignen.

Eine weitere wichtige Voraussetzung für Auditoren des Analyse-Audits ist die profun-
de Kenntnis des Unternehmens und ein stabiles Urteilsvermögen für die Durchsetzbarkeit
und Machbarkeit von Gesundheitsmaßnahmen. Nur so kann das Analyse-Audits erfolgreich umgesetzt werden und die in Kap. 7 „Stolpersteine" erwähnten Hürden erkannt und
überwunden werden.

Idealerweise sind die Auditoren des Analyse-Audits Mitglieder der Organisation des
Betrieblichen Gesundheitsmanagements, was in kleineren Betrieben jedoch selten der Fall
sein wird. Dann müssen sich die Auditoren sehr intensiv in das im Unternehmen bestehende Betriebliche Gesundheitsmanagement einarbeiten, um BGM-spezifisch richtige Fragen
und Bewertungen durchführen zu können. Nur so können alle Potenziale zur Verbesserung der Gesundheit im Unternehmen erkannt werden. Somit ist die Auditoren-Aufgabe

und Kompetenz eines „Analyse-Auditors" wesentlich erweitert im Vergleich zur Aufgabe eines „normalen" internen Auditors.

Wie bei „normalen" internen Audits bewaffnet sich der Auditor (bzw. die Auditoren) mit einer Liste der im Unternehmen existierenden Prozesse (i.e. Verkaufsprozess, Fertigungsprozess, IT-Unterstützungsprozess, Wartungsprozess, Kundenbetreuungsprozess, etc.). Innerhalb der Prozesse kann man nun verschiedene Tätigkeitsklassen bilden, die sich an gesundheitsspezifischen Eigenheiten orientieren. So kann man Tätigkeitsklassen hinsichtlich „Innendienst vs. Außendienst", „sitzend vs. stehend" „geräuschbelastet vs. ruhig" „Reisetätigkeit vs. Bürotätigkeit" definieren, um so später die Möglichkeit zu haben, die zu formulierenden Fragen zu fokussieren und damit möglichst bedarfsorientiert Maßnahmen planen zu können. Die Erfahrung zeigt, dass eine Untergliederung der Prozesse in maximal 3 Tätigkeitsklassen eine hinreichende Differenzierung ermöglicht. Für die Dauer der Befragung der Mitarbeiter hat sich ein Zeithorizont von ein bis zwei Stunden zur Hinterfragung aller Gesundheitschancen und -risiken bewährt.

Im nächsten Vorbereitungsschritt können ungeübte Auditoren Fragen vorformulieren. Basierend auf der Gesundheitspolitik, der Liste der Gesundheitschancen und -risiken und des zu auditierenden Prozesses mit seinen Tätigkeitsklassen werden Schlüsselfragen erarbeitet, die den Gesundheitsstatus hinterfragen sollen. Offene Fragen sollen den Mitarbeitern die Chance geben, die Eingangs- und Ausgangsgrößen ihres Prozesses, dessen organisatorische Verknüpfungen und die Führungsstruktur zu erläutern. Da nicht alle Mitarbeiter befragt werden können, ist eine möglichst repräsentative Stichprobe an Mitarbeitern zu auditieren.

Die Planung des Analyse-Audits wird mit einem Stichprobenplan und einem Auditplan abgeschlossen. Im Stichprobenplan wird zusammen mit den Vorgesetzten festgelegt, welcher Prozess, welche Tätigkeitsklasse und welche Mitarbeitergruppen auditiert werden sollen. Im Auditplan wird der zeitliche Ablauf geplant und mit den Betroffenen vereinbart.

Zur Übersicht hier nochmals eine Zusammenfassung der vorbereitenden Tätigkeiten:

- Sicherstellung der Qualifikation der Auditoren
- Aufstellung einer Liste der Prozesse
- Erstellung einer Liste der Tätigkeitsklasse pro Prozess
- Erstellung eines Stichprobenplans
- Erstellung eines Auditplans (zeitliche Abfolge des Audits)
- Erstellung einer Vorlage für den Auditbericht

8. Durchführung des Analyse-Audits

Wichtigste Aufgabe der Analyse-Auditoren ist, eine Atmosphäre des Vertrauens zu schaffen. Erst wenn erreicht wird, dass die befragten Mitarbeiter oder Führungskräfte aufrichtige Kommentare zu ihrer gesundheitlichen Situation im betrieblichen Alltag abgeben, wird die Analyse gewinnbringend und die darauf aufbauenden Gesundheitsmaßnahmen erfolgreich sein. Deswegen ist auf die Anonymität der Befragten im Bericht/den Aufzeichnungen zu achten.

Anhand der Prozess- und Tätigkeitsklassenlisten erfolgt das Analyse-Audit wie bei einem normalen internen Audit. Die Erfahrung zeigt, dass Führungskräfte und Mitarbeiter getrennt befragt werden sollten. Nur so kann verhindert werden, dass das Abhängigkeitsverhältnis zwischen Mitarbeiter und Führungskraft die Antworten verfälscht. Die Ergebnisse des Audits können im Anschluss getrennt oder gemeinsam ausgewertet werden, um einen vollständigen Blick auf die Gesundheitschancen und -risiken dieses Prozesses zu erhalten.

9. Bewertung der Auditergebnisse
Das Bewertungsverfahren der Auditergebnisse haben wir bereits im Kap. 1 – Einleitung – näher beschrieben. Der Übersicht halber wiederholen wir hier nochmals die Erläuterungen und reichern sie mit einigen Beispielen an.

Ziel der Bewertung der Auditergebnisse ist, mit einem nachvollziehbaren und bestenfalls objektiven Verfahren diejenigen Gesundheitschancen und -risiken zu identifizieren, die „wichtig und dringend" sind.

Im Anschluss an das durchgeführte Audit bewerten die internen Auditoren anhand der Kriterien den Umsetzungsgrad und die Bedeutung der Merkmale jeder Gesundheitschance und ermitteln daraus die sogenannte „Handlungspriorität" nach einem zuvor festgelegten Algorithmus. In unserem Beispiel wurde folgender Algorithmus festgelegt:

▶   Handlungspriorität = Bedeutung × Umsetzungsgrad

Hierbei werden der Umsetzungsgrad und die Bedeutung der Merkmale der Gesundheitschancen jeweils mit Punkten bewertet (Kap. 1 und Abb. 1.2). Die zahlenmäßig höchsten Handlungsprioritäten (Produkt aus Umsetzungsgrad und Bedeutung) sind diejenigen Gesundheitschancen, die am schwächsten ausgeprägt sind und bei denen sich Verbesserungsmaßnahmen am stärksten auf das Wohlbefinden und die Leistungsfähigkeit der Mitarbeiter auswirken werden (Kap. 1 und Abb. 1.3).

Mit einem Beispiel soll dieses Bewertungsverfahren erläutert werden.

Im Prozess „Auftragsbearbeitung von Kundenaufträgen" wurde die Gesundheitschance „Soziale Vernetzung" auditiert. Die Gesundheitschance hat als ein Merkmal die „Unternehmensveranstaltungen" (z. B. Tag der Offenen Tür, Betrieblicher Kinder/Eltern-Tag, Betriebsfußball, Weihnachtsfeier) mit dem Kriterium „Häufigkeit". Beim Audit wurde festgestellt, dass diese Unternehmensveranstaltungen nur unregelmäßig ca. 1 x pro Jahr stattfinden (Umsetzungsgrad = schlecht = 3 Punkte) und dass die Mitarbeiter diese als sehr wichtig für die soziale oder kameradschaftliche Beziehung der Mitarbeiter untereinander ansehen (Bedeutung = sehr hoch = 3 Punkte).

Bereits vor dem Analyse-Audit wurde festgelegt, wie die Bewertung durchzuführen ist: Finden keine oder nur sporadische Veranstaltungen dieser Art statt, so werden drei Punkte vergeben, gibt es mehr als vier „Betriebsfeste", so wird ein Punkt angesetzt. Ist die Bedeutung für die Mitarbeiter hoch, werden 3 Punkte vergeben, ist sie gering, gibt es 1 Punkt.

Also:

▶   schlechter Umsetzungsgrad und hohe Bedeutung ergibt eine sehr hohe
    Handlungspriorität

▶   guter Umsetzungsgrad und niedrige Bedeutung ergibt eine sehr niedrige
    Handlungspriorität

Auf diese Art und Weise wird die Bewertung objektiviert und darstellbar gemacht.
Damit ergibt sich in unserem Beispiel eine sehr hohe Handlungspriorität:

$$\text{Handlungspriorität} = 3 \times 3\,\text{Punkte} = 9\,\text{Punkte}$$

Die systematisch zusammengetragenen Ergebnisse sollten – eventuell anonymisiert – sowohl der obersten Leistung in Berichtform als auch den Mitarbeitern im auditierten Prozess
mittels eines Workshops vorgetragen werden. Oft ergeben sich bei diesem Gespräch auch
gleich sehr einfache Maßnahmenideen, die schnell und kostengünstig umgesetzt werden
können und von den Mitarbeitern akzeptiert werden, da sie sie selbst vorgeschlagen haben.

10. Ursachenanalyse und Definition der Maßnahmen
Für Gesundheitschancen mit hoher Handlungspriorität sind in einem weiteren Schritt
wirksame Verbesserungsmaßnahmen abzuleiten. Dabei ist es wichtig, dass Mitarbeiter und
Führungskräfte aus dem analysierten Prozess in Form eines kurzen Workshops in Teamarbeit (möglichst unter Mitwirkung eines neutralen Moderators) die folgenden Aktivitäten
durchführen:

• Ermittlung der Ursachen für die Schwachstellen der jeweiligen Gesundheitschance
• Priorisierung der Ursachen
• Definition von Maßnahmen, die den priorisierten Ursachen entgegenwirken
• Konsens aller beteiligten Stakeholder bezüglich der definierten Maßnahmen
• Definition von Verantwortlichkeiten für die Umsetzung der Maßnahmen
• Zeitplan für die Umsetzung der Maßnahmen
• Wirksamkeitsbewertung der Maßnahmen

Diese Aktivitäten wollen wir hier näher erläutern:
    Nachdem im Analyse-Audit die Frage nach dem „Was" beantwortet wurde, stellt
sich noch die Frage nach dem „Warum". Im obigen Beispiel in unserer „Auftragsbearbeitung von Kundenaufträgen" soll also geklärt werden, warum es im Unternehmen
nur sehr unregelmäßig und selten betriebliche Veranstaltungen gibt. Diese Ursachenanalyse ist unabdingbar, um wirksame, zielgerichtete Maßnahmen bestimmen zu
können. Eine Standardmethode der Ursachenanalyse ist das von Ishikawa entwickelte
Ursache-Wirkungs-Diagramm [25].
    Das Ursache-Wirkungs-Diagramm ist eine graphische Darstellung von Ursachen, die
zu einem Ergebnis führen oder dieses maßgeblich beeinflussen. Alle Problemursachen
sollen so identifiziert und ihre Abhängigkeiten vom Problemfeld mit Hilfe des Diagramms

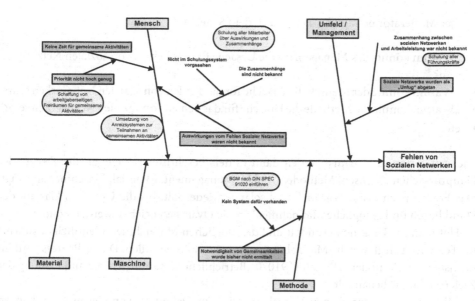

Abb. 14.2 Ursache-Wirkungs-Diagramm nach Ishikawa

dargestellt werden. Das sogenannte „Ishikawa-Diagramm" wurde Anfang der 1940er Jahre von dem japanischen Wissenschaftler Kaoru Ishikawa entwickelt und später auch nach ihm benannt. Diese Technik wurde ursprünglich im Rahmen des Qualitätsmanagements zur Analyse von Qualitätsproblemen („Fishbone-Ansatz") und deren Ursachen angewendet. Heute wird es für alle Problemfelder genutzt und hat eine weltweite Verbreitung gefunden.

In Abb. 14.2 ist ein Beispiel dargestellt: Betrachtet wird der Prozess „Auftragsbearbeitung von Kundenaufträgen", bei dem im Analyse-Audit unter der Frage nach dem „Was" als größte Schwachstelle das Fehlen von sozialen Netzwerken innerhalb der Belegschaft identifiziert wurde, d. h. die Mitarbeiter kennen sich nicht richtig untereinander. Jeder macht seinen Job, so wie er es für richtig hält und gleicht seinen Umgang mit den Kunden nicht mit den Kollegen ab. Für einen Kunden, der mehrfach mit der Abteilung „Auftragsbearbeitung" telefoniert, entsteht der Eindruck, dass er bei jedem erneuten Telefonat in einer anderen Firma anruft. Daraufhin beschweren sich die Kunden beim Abteilungsleiter, dass sie das Gefühl haben, ihr Anliegen werde nicht ernst genommen. Dieser (unberechtigte) Vorwurf frustriert die Mitarbeiter und sie fühlen sich missverstanden. Die Arbeit macht keinen Spaß mehr, „Dienst nach Vorschrift" und Fehlzeiten steigen.

Es stellt sich nun die Frage nach dem „Warum", die mittels „Ishikawa-Diagramm" untersucht werden soll. Beste Erfahrungen wurden gemacht, wenn die Ursachenanalyse und die daran anschließende Ableitung von Maßnahmen im Team mit den Prozessbeteiligten unter Begleitung eines neutralen Moderators durchgeführt werden. (siehe Abb. 14.2).

Der Moderator befragt das Team nach dem Schema:

- „Warum könnte das Management die Ursache für das Fehlen von sozialen Netzwerken sein?"
- „Warum könnte der Mensch die Ursache für das Fehlen von sozialen Netzwerken sein?"
- „Warum könnte die Methode die Ursache für das Fehlen von sozialen Netzwerken sein?"
- etc.

Die Antworten des Teams werden dann mittels beschrifteter Pfeile an die Zweige der Hauptursachen „Mensch, Methode, Umfeld, Management, Material, Maschine" angefügt. Das Fragen nach dem „Warum" wird solange wiederholt, bis die Ursachen klar auf der Hand liegen und „mögliche Maßnahmen" in die Ovale geschrieben werden können.

Hat man die Ursachen ermittelt und die möglichen Maßnahmen identifiziert, so wird im Team festgelegt, welche Maßnahmen umgesetzt werden sollen. Dieser Prozess wird im nächsten Abschnitt der DIN SPEC 91020 „Betriebliche Gesundheitsziele und Planung der Zielerreichung" behandelt.

Mit der hier beschriebenen Vorgehensweise zur Definition von Gesundheitschancen und -risiken, der Kaskadierung in Merkmale, Kriterien und Kennzahlen und den beiden Methoden „Analyse-Audit" und „Ishikawa-Diagramm" sind alle Anforderungen der DIN SPEC 91020 berücksichtigt.

Vor- und Nachteile des „Analyse-Audits": Die Vorteile der Methode des Analyse-Audits liegen demnach auf der Hand und lassen sich im betrieblichen Umfeld auch sehr einfach nachweisen:

- Die Datenerfassung erfolgt durch ausgebildete Analyse-Auditoren, deren Ziel es ist, objektive Ergebnisse zu erhalten.
- Es wird nur eine Stichprobe gemacht und nicht alle Mitarbeiter befragt, somit ist der Aufwand gering.
- Der Analyse-Auditor erfasst nicht nur die Antworten, sondern auch den prozessspezifischen Kontext, in dem diese Antworten gegeben werden.
- Die Mitarbeiter teilen dem Auditor die Wahrheit über deren gesundheitlichen Status mit, da sie innerhalb der Befragung immer wieder auf die Chancen hingewiesen werden, etwas verbessern zu können.
- Erfahrungsgemäß geben die Mitarbeiter bereits mit der Beantwortung der Analysefragen sogleich auch Vorschläge zum Abstellen von Mängeln. Dies sind sehr wertvolle Informationen, da Maßnahmen dieser Art meist ohne große Investition sehr schnell Abhilfe bringen (i.e. Quick-Wins).
- Das Analyse-Audit kann bei Bedarf mehrfach und kurzfristig eingesetzt werden.
- Diesen Vorteilen steht im Vergleich zur Mitarbeiterbefragung der Nachteil gegenüber, dass während des Analyse-Audits nur wenige Mitarbeiter gehört werden. Folge ist, dass sich das Unternehmen als Ganzes betrachtet langsamer verbessert als einzelne Prozesse. Ob dies ein echter Nachteil ist, möge der Leser selbst beurteilen.

DIN SPEC 91020

6.2 Betriebliche Gesundheitsziele und Planung der Zielerreichung

Basierend auf der Analyse der betrieblichen Gesundheitsrisiken und -chancen sind betriebliche Gesundheitsziele zu erarbeiten, die die Gesundheit der Organisationsmitglieder und die soziale Struktur in der Organisation verbessern. Dies bewirkt gleichzeitig, dass die wirtschaftliche Situation der Organisation gestärkt wird.

Die oberste Leitung muss sicherstellen, dass:

a. für die Funktionsbereiche, Ebenen und Prozesse innerhalb der Organisation betriebliche Gesundheitsziele festgelegt, dokumentiert und kommuniziert werden. Bestandteile der Zielbeschreibung sind die Verantwortlichen, Ressourcen, Zeitpläne und Maßnahmen zur Zielerreichung;
b. die betrieblichen Gesundheitsziele im Einklang mit der betrieblichen Gesundheitspolitik (siehe 5.2) sind und die in Abschn. 4 angegebenen Anforderungen und Erwartungen erfüllen;
c. aus den betrieblichen Gesundheitszielen Maßnahmen zur Erreichung der Gesundheitschancen und zur Vermeidung von Gesundheitsrisiken resultieren (siehe 6.1);
d. die betrieblichen Gesundheitsziele überprüfbar bzw., soweit praktikabel, messbar sind und in die Geschäftsprozesse integriert werden;
e. die betrieblichen Gesundheitsziele angepasst werden, falls unerwartete Umstände Ziele nicht erreichbar machen.

Geeignete Aufzeichnungen nach 7.5.3 sind zu führen.

ANMERKUNG 1 Die Verpflichtung zur Festlegung von betrieblichen Gesundheitszielen bezieht sich auch auf die Prozesse des Betrieblichen Gesundheitsmanagementsystems selbst und auf Maßnahmen zu dessen kontinuierlicher Verbesserung.

ANMERKUNG 2 Ein Ziel ist messbar, wenn mindestens eine Ziel- bzw. Messgröße und ein zugehöriger Ziel- bzw. Messwert definiert wurden.

Aus dem Text der DIN SPEC 91020 geht klar hervor, dass die Analyse der Gesundheitschancen und -risiken Basis für die Ableitung der Ziele und Maßnahmen für alle Funktionsbereiche, alle Ebenen und alle Prozesse ist. Die Maßnahmen werden in einem Maßnahmenkatalog gesammelt, hinsichtlich des Bearbeitungsstands z. B. von den Prozessverantwortlichen verfolgt und an die „oberste Leitung" berichtet.

Der größte Vorteil dieser Vorgehensweise ist, dass die Mitarbeiter selbst für „ihren" Prozess die Maßnahmen ableiten, das Zepter selbst in die Hand nehmen und ihre Prozesse selbst optimieren. Folge davon ist, dass zumeist Maßnahmen rein bedarfsorientiert definiert werden und den Mitarbeitern direkt zugutekommen. Oft erfordern diese Maßnahmen nicht einmal große Investitionen, während der Effekt hingegen in der Regel überwältigend ist.

Problem	Ursache Maßnahmen	Maßnahme	Ziel	Verantwortung	Termin
Fehlen soz. Netzwerke	Keine Zeit	Arbeitgeberseitige Freiräume	2 Stunden pro Woche	Personalwesen	Mai 2014
Fehlen soz. Netzwerke	Prio. nicht hoch genug	Anreizsysteme entwickeln	2 Systeme entwickeln	Personalwesen	Juni 2014
Fehlen soz. Netzwerke	Zusammenhang nicht bekannt	Schulung der Führungskräfte	Alle Führungskräfte	Personalwesen	September 2014
etc.	–	–	–	–	–

Unterstützung

Zusammenfassung

In diesem Kapitel werden die Elemente beschrieben, die eigentlich jede Projektgruppe oder Organisationseinheit eines Unternehmens benötigt, um ihre Aufgabe erfüllen zu können: Ressourcen, Kompetenzen und Qualifikation, Bewusstsein und Kommunikation sowie die Dokumentation im Betrieblichen Gesundheitsmanagement. Mögen diese Anforderungen beim Lesen banal wirken, im täglichen Betriebsleben werden bei der Erfüllung dieser Anforderungen die meisten grundlegenden Fehler gemacht und damit der Gesamterfolg des Betrieblichen Gesundheitsmanagements von vorn herein gefährdet.

Es gibt mancherorts übermotivierte Mitarbeiter, die dem Top-Management einreden möchten, die Einführung des neuen Managementsystems könne man in das bestehende Budget „einrütteln", die notwendige Weiterbildung der Mitarbeiter könne man durch das Internet oder ein über das Wochenende gelesenes Buch erreichen, die zusätzlichen Aufgaben könne man auf die bestehende Mannschaft „atomisieren" und die Dokumentation könne man sowieso „nachziehen". Um solche Märchen aufzudecken und dem Betrieblichen Gesundheitsmanagement eine solide Aktionsbasis zu schaffen, wurde der Abschnitt Unterstützung geschaffen.

DIN SPEC 91020

7 Unterstützung

7.1 Bereitstellung von Ressourcen

Die Organisation muss die erforderlichen Ressourcen ermitteln und bereitstellen, um:

a. das Betriebliche Gesundheitsmanagementsystem zu verwirklichen, aufrecht zu erhalten und seine Wirksamkeit ständig zu verbessern;
b. die Zufriedenheit der Interessierten Parteien durch Erfüllung ihrer Anforderungen zum Betrieblichen Gesundheitsmanagement zu erhöhen.

M. Kaminski, *Betriebliches Gesundheitsmanagement für die Praxis*, DOI 10.1007/978-3-658-01274-8_15, © Springer Fachmedien Wiesbaden 2013

Unter „alten Hasen" im Projektmanagement hört man oft die flapsigen Sprüche „von nix kommt nix" oder „ohne Moos nix los", die grundsätzlich richtig sind, jedoch nicht selten dazu benützt werden, um teilweise erpresserische Forderungen nach noch mehr Ressourcen durchzusetzen und das eigene Machtpotenzial zu demonstrieren. Es ist unbestritten, dass ein Managementsystem sowohl Personal als auch Budget und entsprechend ausgestattete Arbeitsplätze benötigt, jedoch ausschließlich zielorientiert. Speziell beim Personalaufwuchs bedeutet dies, dass je nach Art und Größe der Organisation nicht zwangsläufig eine komplette Abteilung aufgerüstet werden muss. Es ist sehr wohl möglich, dass Mitarbeiter im Gesundheitsmanagement je nach ihrer Qualifikation und ihren Kenntnissen auch noch andere Tätigkeiten im Unternehmen wahrnehmen können. Gerade in artverwandten Gebieten wie Arbeitssicherheit oder Umwelt oder dem Personalwesen gibt es Synergien, die durch die Aufgabenbearbeitung einer Person leicht genutzt werden können.

Allerdings zeigt die Erfahrung, dass es einen „Kümmerer" geben muss, der in der Lage ist, das Thema ganz nach vorn zu bringen. Diese Person muss über entsprechende zeitliche und finanzielle Mittel verfügen. Besondere Aufmerksamkeit ist der Qualifikation, den Erfahrungen und der Akzeptanz dieser „Kümmererposition" zu schenken. Sie sollte in das Organigramm der Aufbauorganisation aufgenommen werden und einen direkten Berichtsweg zur obersten Leitung haben.

Besonders in der Einführungsphase, aber auch bei Verbesserungsprojekten sind Mittel für Trainings, Analyse-Workshops oder externe Moderatoren klar zu definieren und nicht dem Zufall oder „good will" eines Kostenstellenleiters im operativen Bereich zu überlassen. Sonst besteht die Gefahr, dass das Betriebliche Gesundheitsmanagement nur als „Papiertiger" im Aktenschrank stehen bleibt und es müsste festgestellt werden, „außer Spesen nix gewesen". Ein ordentliches Projektmanagement ist auch im Betrieblichen Gesundheitsmanagement und bei der Durchführung von Maßnahmen absolute Pflicht.

DIN SPEC 91020

7.2 Kompetenz, Qualifikation

Personen, deren Tätigkeiten die Erfüllung der Anforderungen an das Betriebliche Gesundheitsmanagement beeinflussen, müssen aufgrund ihrer angemessenen Ausbildung, Qualifizierung, Fertigkeiten und Erfahrungen kompetent sein.

Die Organisation muss über ein Verfahren verfügen, das Folgendes beinhaltet:

a. Ermittlung der notwendigen Kompetenz der Personen, insbesondere der Führungskräfte, und des personenbezogenen Qualifizierungsbedarfs;

b. Ableitung, Planung und Umsetzung der erforderlichen Qualifizierungsmaßnahmen (Schulungen oder andere Maßnahmen), um die personenbezogene notwendige Kompetenz zu erreichen;

c. Beurteilung der Wirksamkeit der ergriffenen Maßnahmen;

d. Aktualisierung des personenbezogenen Kompetenzstatus.

Geeignete Aufzeichnungen nach 7.5.3 sind zu führen.

ANMERKUNG Zu den Personen zählen die Mitglieder der Organisation sowie externe Personen, die im Auftrag der Organisation tätig werden, deren Tätigkeiten Auswirkungen auf das Betriebliche Gesundheitsmanagement der Organisation haben.

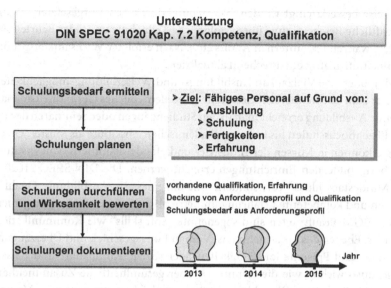

Abb. 15.1 Prozess zur Qualifikation von Mitarbeitern

Der Prozess, der die Forderungen der DIN SPEC 91020 an die Kompetenz und die Weiterbildung der Mitarbeiter erfüllt, ist in Abb. 15.1 dargestellt.

Er beschreibt einen PDCA-Zyklus für die Qualifikation von Mitarbeitern und Beteiligten im Betrieblichen Gesundheitsmanagement. Grundsätzlich müssen alle Mitarbeiter mehr oder weniger in Sachen Gesundheit weitergebildet werden. BGM-Beauftragte, Leiter des Betrieblichen Gesundheitsmanagements, Interne BGM-Auditoren, die Mitglieder von Gesundheits-Projektgruppen, insbesondere alle Führungskräfte des Unternehmens müssen eine besondere Weiterbildung erfahren. Letztere müssen das Betriebliche Gesundheitsmanagement als Führungsaufgabe wahrnehmen und durch ihr Vorleben einen Wandel der Organisationskultur erreichen (Kap. 13 Führungsverhalten).

Zur Ermittlung des Schulungsbedarfes, zum Nachweis und zur Dokumentation von Qualifizierungsmaßnahmen aller Mitarbeiter liegt in vielen Unternehmen bereits eine Qualifizierungsmatrix vor, die um die gesundheitsrelevanten Qualifikationen und Kompetenzen erweitert werden kann. In dieser Matrix sind, abgeleitet von der Tätigkeitsbeschreibung des Mitarbeiters, die für den Mitarbeiter zur Ausübung seiner Tätigkeit notwendigen Kompetenzen und Qualifikationen aufgelistet. Diese Qualifizierungsmatrix muss regelmäßig aktualisiert werden, da sich die Tätigkeiten bzw. die Anforderungen an den Mitarbeiter ändern können. Das Ergebnis dieser Aktualisierung ist ein Schulungsbedarf. Von der Fachabteilung muss die notwendige Schulung für die Mitarbeiter geplant werden. Sie sorgt in der Regel für das notwendige Budget und die Durchführung der Schulung. Nach erfolgter Schulung, muss die Wirksamkeit dieser Maßnahme geprüft und nachgewiesen werden. Klassisch wird die Wirksamkeit einer Schulungsmaßnahme durch eine Prüfung nachgewiesen. Dieser Nachweis kann jedoch auch auf andere Weise bewerkstelligt werden (Beurteilung durch den Vorgesetzten, Teambewertung, schriftliche Bescheinigung über erfolgreiche Teilnahme und/oder Beurteilung durch Vorgesetzte während der internen Audits etc.). Nach erfolgter Wirksamkeitsprüfung wird die Qualifikationsmatrix entsprechend aktualisiert.

Derzeit gibt es eine Vielzahl an Ausbildungs- und Weiterbildungsmöglichkeiten diverser Anbieter zum Themenbereich Gesundheit und Betriebliches Gesundheitsmanagement. Umfassende Ausbildung erreicht man in den Studiengängen oder Seminaren der Universitäten und Fachhochschulen bis hin zum akademischen Abschluss als Master. Qualifizierte Abschlüsse können in Kursen der Industrie- und Handelskammern, von Instituten oder anderen berufsbildenden Einrichtungen erreicht werden. Die DIN SPEC 91020 schreibt keinen „Mindestabschluss" vor, sondern eine angemessene Ausbildung, Qualifizierung, Fertigkeiten und kompetente Erfahrung im Betrieblichen Gesundheitsmanagement.

Für den BGM-Beauftragten sind sogenannte „Soft skills" wie Kommunikationsfähigkeit mit allen Ebenen des Unternehmens, Verhandlungsgeschick und Überzeugungskraft, Moderations- und Präsentationsfähigkeiten oder soziale Kompetenz und Belastungsfähigkeit genauso wichtig wie die Kenntnisse über gesundheitliche Zusammenhänge und präventive Möglichkeiten. Obwohl Gesundheit oft gleichgesetzt wird mit „Medizin" oder „Arzt", ist nicht zwangsläufig ein Mediziner die erste und einzige Wahl für den Posten des BGM-Beauftragten. Kenntnisse aus dem Medizinstudium sind im Team eines Betrieblichen Gesundheitsmanagements zwar unverzichtbar und bieten gute Ansätze für präventive Maßnahmen, jedoch steht dort im klassischen Sinn die Krankheitserkennung und -behandlung im Vordergrund der Ausbildungsinhalte.

Speziell bei der Einführung des Betrieblichen Gesundheitsmanagements ist es sicherlich sinnvoll, externe Expertisen zu nutzen. Das können sowohl darauf spezialisierte und qualifizierte Unternehmensberater sein, die auch über Erfahrungen bei der Einführung und Umsetzung von Managementsystemen verfügen sollten (z. B. Auditor Qualifikation) als auch Gesundheitsexperten der Sozialversicherungen (Krankenkassen, Rentenversicherungen, Berufsgenossenschaften).

DIN SPEC 91020

7.3 Bewusstsein

Personen, deren Tätigkeiten die Erfüllung der Anforderungen an das Betriebliche Gesundheitsmanagement beeinflussen, müssen sich der Bedeutung und Wichtigkeit ihrer Tätigkeiten bewusst sein. Sie müssen wissen, wie sie zur Umsetzung der betrieblichen Gesundheitspolitik, zur Erreichung der betrieblichen Gesundheitsziele und zur Verbesserung der Ergebnisse des Betrieblichen Gesundheitsmanagements beitragen. Sie müssen außerdem wissen, welche Auswirkungen aus Abweichungen von den Forderungen des Betrieblichen Gesundheitsmanagementsystems resultieren.

Es muss eine Kultur der Aufmerksamkeit für Gesundheit und ihrer Bedingungen innerhalb der gesamten Organisation gefördert werden. Diese Aspekte sind auch eine zentrale Aufgabe der obersten Leitung der Organisation (siehe Abschn. 5).

Geeignete Aufzeichnungen nach 7.5.3 sind zu führen.

Man kann es nicht oft genug betonen, Betriebliches Gesundheitsmanagement lebt von der Eigenverantwortung und dem Bewusstsein für die eigene Gesundheit aller Mitarbeiter und Führungskräfte. Dazu gehört, dass jeder Mitarbeiter und seine Tätigkeiten für das Unternehmen wertgeschätzt werden, dass jeder Mitarbeiter weiß, wie wichtig seine gute Leistung und seine Gesundheit für sein eigenes Wohl und das Wohl der Belegschaft sind. Diese Grundgedanken sollten von den Führungskräften regelmäßig aufgegriffen und verdeutlicht werden, damit eine Kultur der Aufmerksamkeit für „unser" gesundes Unternehmen gefördert wird. Anlässe dazu sind vielfältig: regelmäßige Team-Meetings, Feierlichkeiten, Mitarbeitergespräche, Betriebsversammlungen, etc.

DIN SPEC 91020

7.4 Kommunikation

Die oberste Leitung muss sicherstellen, dass geeignete Prozesse der Kommunikation innerhalb der Organisation und mit den Interessierten Parteien eingeführt und umgesetzt werden. Es muss regelmäßig eine Kommunikation über die betrieblichen Gesundheitsziele, die entsprechenden gemeinsamen Überzeugungen, Werte und Regeln der Organisation und über den Nutzen und die Wirksamkeit des Betrieblichen Gesundheitsmanagementsystems stattfinden.

Entsprechende Aufzeichnungen nach 7.5.3 sind zu führen.

ANMERKUNG Zu dieser Kommunikation zählen auch Informationen und Anfragen zum Betrieblichen Gesundheitsmanagement und diesbezügliche Rückmeldungen einschließlich Beschwerden von Interessierten Parteien.

Die DIN SPEC 91020 fordert explizit eine regelmäßige Kommunikation – in Anlehnung an Goethes Faust – über „das, was das Unternehmen im Innersten zusammenhält". Wie bereits in Kap. 2 „Das gesunde Unternehmen" erwähnt, ist dabei nicht gemeint, dass die meist nebulös formulierte Vision, Mission, Werte, etc. zum wiederholten Mal, vielleicht in einem neuen Outfit glänzend, an die Mitarbeiter verschickt werden. Regelmäßige Kommunikation bedeutet, dass es eine Diskussions- und Erfahrungsplattform für gesundheitliche Themen gibt, auf der alle Mitarbeiter Informationen abfragen, Rat einholen und Verbesserungen initiieren können.

Verbunden mit dem internen und/oder externen Audit und dem damit verbundenen Bericht an die oberste Leitung bietet sich die jährliche Erstellung eines Gesundheitsreports an. Dieser kann über das Intranet, einen Mail-Verteiler oder auch in gedruckter Form zentral ausliegen. Auszüge daraus können den Interessierten Parteien zugänglich gemacht oder aber auch allgemein auf der Homepage veröffentlicht werden.

Aktuelle Themen sollten umgehend aufgegriffen werden, z. B. als Rundbrief, Newsletter, Plakate, Handzettel. Hier können Informationen auch über kurzfristige Maßnahmen, Aktionen, Themen und relevante Zwischenergebnisse zielgruppengerecht aufbereitet werden wie z. B. Grippe- oder Sonnenschutz, Radfahr-Aktion, Diabetes, Auszeichnungen von Personen oder Gruppen der Organisation (Sportabzeichen, Award, Zertifizierung).

Diese herkömmlichen Methoden wirken meist nur in eine Richtung und können, wenn überhaupt, bei dem Mitarbeiter Impulse für gesundheitsorientiertes Handeln auslösen. Beobachtet man das Kommunikationsverhalten in den sogenannten Social Networks, Blogs, WIKIs, Foren, etc., so ist klar, dass ein einfacher Weg zur schnellen Rückmeldung bei allen sehr willkommen ist. Macht man solche Internet-basierten Einrichtungen innerhalb eines Unternehmens verfügbar und betreibt diese mit einem nachvollziehbaren Schutz der Person, so können wertvolle Informationen über den wahren Gesundheitszustands des Unternehmens und die Wirksamkeit des Betrieblichen Gesundheitsmanagements erhalten werden. Wichtig ist, dass sie einerseits eine gewisse Anonymität beim Bericht über Persönliches in Sachen Gesundheit sicherstellen, andererseits aber zur offenen Meinungsäußerung bei der Optimierung des Betrieblichen Gesundheitsmanagements ermutigen.

DIN SPEC 91020

7.5 Dokumentation

7.5.1 Allgemeines

Die Dokumentation zum Betrieblichen Gesundheitsmanagementsystem muss enthalten:

a. die Politik und Ziele des Betrieblichen Gesundheitsmanagements;
b. die Verfahren und Aufzeichnungen, die von dieser Spezifikation gefordert werden;
c. Dokumente, einschließlich Aufzeichnungen, die die Organisation zur Sicherstellung der wirksamen Planung, Durchführung und Lenkung des Betrieblichen Gesundheitsmanagementsystems als notwendig eingestuft hat.

ANMERKUNG 1 Die Dokumentation zum Betrieblichen Gesundheitsmanagementsystem kann:

a. z. B. in Form eines Handbuches erstellt werden;
b. auch in die Dokumentation eines bestehenden Managementsystems integriert werden.

ANMERKUNG 2 Die Dokumentation zum Betrieblichen Gesundheitsmanagementsystem sollte enthalten:

a. den Anwendungsbereich des Betrieblichen Gesundheitsmanagementsystems, einschließlich Einzelheiten und Begründungen für jegliche Ausschlüsse;
b. eine Beschreibung der Wechselwirkungen der Prozesse des Betrieblichen Gesundheitsmanagementsystems.

Die in der DIN SPEC 91020 geforderte Dokumentation und deren Erstellung, Aktualisierung und Lenkung unterscheiden sich im Kern nicht von den Forderungen anderer Managementsysteme. Dies war innerhalb der DIN-SPEC-Arbeitsgruppe ein sehr wichtiges Anliegen, da allenthalben bekannt ist, dass der Aufwand zur Dokumentation von Managementsystemen nicht unerheblich und für die operativen Bereiche als lästig empfunden wird. Man ging davon aus, dass ein modernes Unternehmen mindestens ein Qualitätsmanagementsystem betreibt und somit die IT-Landschaft zur professionellen Erstellung und Handhabung von Dokumenten installiert hat. So forderte man für das Betriebliche Gesundheitsmanagement die gleichen Dokumente, wie Handbuch, Verfahrensanweisungen, Management-Reports, etc. und die gleiche Lenkung wie bei allen anderen Managementsystemen und regt in der Anmerkung sogar deren Integration explizit an. In diesem Punkt ist die eingangs postulierte Integrierbarkeit des Betrieblichen Gesundheitsmanagements für jeden greifbar und schafft von vorn herein Akzeptanz.

Besteht bereits eine Dokumentation für die ISO 9001:2008, so empfiehlt sich eine Erweiterung dieser bestehenden Dokumentation, die oft als Handbuch in elektronischer Form vorliegt. Der Anhang der DIN SPEC 91020 enthält die passenden Kapitelverweise. Natürlich kann die Dokumentation auch gleich nach der DIN SPEC 91020 – also der ISO Guide 83 folgend – aufgebaut werden, da damit zu rechnen ist, dass in absehbarer Zeit die bestehenden Normen für Qualitätsmanagementsysteme ISO 9001:2008, Arbeits- und Gesundheitsschutz BS OHSAS 18001:2007 und Umweltmanagementsysteme ISO 14001:2009 in ihrer Struktur auf die ISO Guide 83 umgestellt werden. In der folgenden Box findet sich eine Liste der geforderten Dokumentation:

▶ **Dokumentierte Verfahren sind erforderlich für:**
- Abschn. 6.1 Planung zur Ermittlung und Bewertung von Gesundheitschancen und -risiken
- Abschn. 8.1.3 Mitarbeiterorientierung zum nachvollziehbaren gesundheitsgerechten und leistungsförderlichen Einsatz der Mitglieder in der Organisation
- Abschn. 10 Verbesserung zur Bearbeitung von Fehlern, Korrektur- und Vorbeugungsmaßnahmen im Betrieblichen Gesundheitsmanagement
  Verfahren – welche aber nicht notwendigerweise dokumentiert sein müssen, jedoch sollten, da hieraus Aufzeichnungen zu generieren sind:
- Abschn. 7.2 Kompetenz, Qualifikation zur Ermittlung des Kompetenzbedarfs der Mitarbeiter und der Ableitung, Durchführung und Wirksamkeitsbeurteilung von Maßnahmen
- Abschn. 7.5.3 Lenkung von Dokumenten zur Festlegung des Umgangs mit Dokumenten
- Abschn. 9.2 Internes Audit zur Planung, Umsetzung und Aufrechterhaltung des Auditprogramms

Aufzeichnungen dienen dem Nachweis der Konformität und sind Protokollen ähnlich. Mit ihnen werden Messergebnisse dargestellt oder Aktionen festgehalten. In der DIN SPEC 91020 werden sie zu folgenden Punkten gefordert, müssen also beim Audit zwingend nachgewiesen werden:
- Abschn. 6.1 Ergebnisse aus der Ermittlung und Bewertung von Gesundheitschancen und -risiken
- Abschn. 6.2 Festlegung und Anpassung der betrieblichen Gesundheitsziele und Planung der Zielerreichung
- Abschn. 7.2 Ergebnisse bei der Ermittlung der erforderlichen Kompetenzen im Betrieblichen Gesundheitsmanagement sowie Planung, Durchführung und Wirksamkeitskontrolle von Maßnahmen und Aktualisierung des Kompetenzstatus der Person
- Abschn. 7.3 Bewusstsein: Aktivitäten, Maßnahmen zur Einbindung der Mitarbeiter in das Betriebliche Gesundheitsmanagement

- Abschn. 7.4 Kommunikationsprozesse innerhalb der Organisation und mit den Interessierten Parteien zu Gesundheitszielen, Werten und Regeln sowie Nutzen und Wirksamkeit des Betrieblichen Gesundheitsmanagements
- Abschn. 8.1.1 Betriebliche Planung und Prüfung: Planung zur Sicherstellung der Funktionsfähigkeit des Betrieblichen Gesundheitsmanagements auch bei geplanten und ungeplanten betrieblichen Änderungen
- Abschn. 8.1.2 Produkt- und dienstleistungsspezifische Auswirkungen auf das Betriebliche Gesundheitsmanagement: Ermittlung der Gesundheitschancen und -risiken vor Abschluss von Liefer- oder Dienstleistungsverträgen
- Abschn. 8.1.3 Mitarbeiterorientierung: Mitarbeitereinbindung und persönliches Feedback
- Abschn. 9.1 Überwachung, Messung, Analyse und Evaluation der Leistungen im Betrieblichen Gesundheitsmanagement
- Abschn. 9.2 Internes Audit mit Planung und Berichten
- Abschn. 9.3 Managementbewertung und dessen Eingaben sowie Ergebnisse
- Abschn. 10.1 Verbesserung: Fehlerart, Korrektur- und Vorbeugemaßnahmen und Resultate

Zusätzlich sind gemäß Kap. 7.5 der DIN SPEC 91020 „geeignete Dokumente und Aufzeichnungen" erforderlich, „die die Organisation zur Sicherstellung der wirksamen Planung, Durchführung und Lenkung des Betrieblichen Gesundheitsmanagementsystems als notwendig eingestuft hat". Hierzu zählen üblicherweise das Handbuch in dem weitere, von der Organisation selbst verpflichtende Dokumentationen gefordert werden wie Abläufe, Prozesse, Anweisungen, Formblätter. Naturgemäß wird sich die Dokumentation eines global agierenden Unternehmens von einem kleinen Familienbetrieb unterscheiden müssen. Sie sollte dem Unternehmen angepasst sein: „Viel hilft an dieser Stelle nicht viel".

DIN SPEC 91020

7.5.2 Erstellung und Aktualisierung

Die Organisation muss einen Prozess zur Erstellung und Aktualisierung der Dokumentation zum Betrieblichen Gesundheitsmanagementsystem erstellen, der Folgendes beinhaltet:

a. Überschrift und Beschreibung der Dokumente (z. B. Titel, Autor, Datum, Dokumentennummer);
b. Format der Dokumente, z. B. Sprache, Software-Version, Medium (z. B. Papier/elektronisch);
c. Genehmigung der Dokumente bezüglich ihrer Angemessenheit vor ihrer Herausgabe;
d. bei Bedarf Aktualisierung und erneute Genehmigung der Dokumente.

ANMERKUNG Der Umfang der Dokumentation des Betrieblichen Gesundheitsmanagementsystems kann von Organisation zu Organisation unterschiedlich sein aufgrund:

a. der Größe der Organisation und der Art ihrer Tätigkeiten;
b. der Komplexität und Wechselwirkung der Prozesse;
c. der Kompetenz des Personals.

Abb. 15.2 Prozess zur
Lenkung von Dokumenten

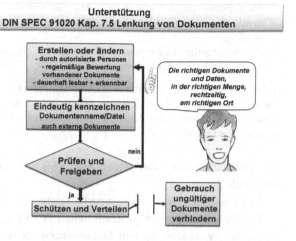

Sollte, wie oben erwähnt, im Unternehmen noch kein Managementsystem eingerichtet sein, so seien hier einige grundlegende Regeln zum Erstellen von Dokumenten aufgeführt: siehe auch Abb. 15.2.

Alle Dokumente des Betrieblichen Gesundheitsmanagements müssen einer festgelegten Regel bei der Erstellung, Aktualisierung und Ablage folgen, damit sie allen Mitarbeitern in gleicher Weise und jeweils in aktueller Form zur Verfügung stehen. Die Prüfung und Freigabe ist festzulegen.

Eine einheitliche Benennung von Dateien und Überschriften, aus der auch die Revisionsnummer und das Änderungsdatum hervorgehen sollte, kann die Lenkung der Dokumente erleichtern. Alle Dokumente sollten in einer Datenbank mit Vorgabedokumenten und einer dokumentierten Versionsverwaltung gepflegt werden.

Wie umfangreich die Dokumentation – zusätzlich zu den in der DIN SPEC 91020 geforderten Verfahren und Aufzeichnungen – sein muss, hängt von Art, Größe sowie den Prozessen und deren Verantwortlichen im Betrieblichen Gesundheitsmanagement ab.

DIN SPEC 91020

7.5.3 Lenkung von Dokumenten

Die vom Betrieblichen Gesundheitsmanagementsystem geforderten Dokumente müssen gelenkt werden. Ein Verfahren zur Festlegung der erforderlichen Lenkungsmaßnahmen muss eingeführt werden, um sicherzustellen, dass:

a. die Dokumente nur von dazu autorisierten Personen geändert werden können;
b. Änderungen und der aktuelle Überarbeitungsstatus von Dokumenten gekennzeichnet werden;
c. gültige Fassungen zutreffender Dokumente an den jeweiligen Einsatzorten verfügbar sind;
d. Dokumente lesbar und leicht erkennbar bleiben;
e. Dokumente externer Herkunft, die die Organisation als notwendig für die Planung und den Betrieb des Betrieblichen Gesundheitsmanagementsystems eingestuft hat, gekennzeichnet werden und ihre Verteilung gelenkt wird;

f. die unbeabsichtigte Verwendung veralteter Dokumente verhindert und die veralteten Dokumente in geeigneter Weise kennzeichnet werden, falls sie aus irgendeinem Grund aufbewahrt werden;

g. die Dokumente angemessen geschützt sind (z. B. gegen Verlust, unautorisierte Änderungen, unautorisierte Einsichtnahme).

Aufzeichnungen (als eine spezielle Dokumentenform), die erstellt werden, um Nachweise der Konformität mit den Anforderungen an das Betriebliche Gesundheitsmanagement und des wirksamen Funktionierens des Betrieblichen Gesundheitsmanagementsystems bereitzustellen, müssen entsprechend gelenkt werden.

Zur Vollständigkeit haben wir in Abb. 15.2 den Prozess zur Lenkung von Dokumenten nochmals dargestellt.

Das Verfahren zur Lenkung von Dokumenten, das in diesem Abschnitt gefordert wird, ist bei Verwendung von professionellen IT-Werkzeugen und Datenbanken zur Erstellung und Aktualisierung von Dokumenten meist bereits integrierter Bestandteil dieser IT-Werkzeuge.

Betrieb

16

Zusammenfassung

Wie bereits erwähnt (Kap. 3 „Gesundheitsförderung versus Managementsystem"), ist das Betriebliche Gesundheitsmanagement nur dann wirksam, wenn es integrierter Bestandteil der Prozesse des Unternehmens ist. Wagen wir zur Erläuterung dieser Aussage wieder einmal den Vergleich mit einem bekannten Managementsystem: dem Qualitätsmanagement. Dieses erhöht nur dann die Qualität der Produkte oder Dienstleistungen, wenn es sich davon löst, mit erhobenem, besserwisserischen Zeigefinger lediglich prüfend durch das Unternehmen zu schreiten. Erst wenn der Qualitätsmanager anerkannter Teil der Entwicklungs- oder Produktionsgruppe geworden ist, werden sein Wissen und sein Einfluss im Verbund mit den Produktexperten wirken. D. h. es gibt nur ganz wenige „echte" Qualitätsmanagement-Prozesse, ansonsten ist Qualitätsmanagement Teil der produktorientierten Führungs-, Kern- und Unterstützungsprozesse. Analoges gilt für das Betriebliche Gesundheitsmanagement, das im Folgenden detailliert werden soll.

DIN SPEC 91020

8 Betrieb

8.1 Betriebliche Planung und Prüfung

8.1.1 Allgemeines
Die Organisation muss unter Beachtung der Vorgaben zum Betrieblichen Gesundheitsmanagementsystem nach 4.4 die Maßnahmen und Prozesse entwickeln und dokumentieren, die zur Planung und Steuerung der Zielerreichung nach 6.2 erforderlich sind.

Hierbei sind die Prozesse (Führungs-, Kern- und Unterstützungsprozesse) und Strukturen der Organisation zu berücksichtigen.

M. Kaminski, *Betriebliches Gesundheitsmanagement für die Praxis*,
DOI 10.1007/978-3-658-01274-8_16, © Springer Fachmedien Wiesbaden 2013

Die Organisation muss hierzu:

a. entweder spezifische Prozesse des Betrieblichen Gesundheitsmanagements einführen oder vorhandene Prozesse der Organisation angemessen modifizieren bzw. ergänzen;
b. alle erforderlichen Anweisungen zur Verfügung stellen;
c. sicherstellen, dass die Funktionsfähigkeit des Betrieblichen Gesundheitsmanagements aufrechterhalten bleibt, auch bei geplanten oder ungeplanten Änderungen im Betrieblichen Gesundheitsmanagement. Geeignete Aufzeichnungen nach 7.5.3 sind zu führen.

ANMERKUNG Maßnahmen des Betrieblichen Gesundheitsmanagements sollten vorrangig dort ansetzen, wo die Einflussmöglichkeiten der Organisation am größten sind. Hierzu zählen insbesondere die Bereiche:

a. Arbeitsbedingungen und -umgebung;
b. Arbeitsinhalte und -anforderungen;
c. Arbeitsorganisation;
d. Betriebliches Eingliederungsmanagement;
e. Führung, Management und Kommunikation;
f. Personalplanung, -auswahl, -einsatz und -bewertung;
g. Qualifikation;
h. Soziales Arbeitsumfeld und kollegiale Zusammenarbeit;
i. Unternehmenskultur

Es gibt Kernprozesse, mit denen die Kundenwünsche erfüllt werden und das Geld verdient wird. Aufgabe der Unterstützungsprozesse, wie z. B. Personal, Controlling, Finanzen, Instandhaltung und auch Betriebliches Gesundheitsmanagement ist es, diese Kernprozesse zu unterstützen und deren Effizienz zu steigern. Die Prozesse eines Managementsystems gehören also auch in die Gruppe der Unterstützungsprozesse. Entsprechend dem Grundsatz: „Gesunde Mitarbeiter sind leistungsfähiger und fühlen sich bei ihrer Arbeit wohl" ist es spontan einleuchtend, dass es speziell beim Betrieblichen Gesundheitsmanagement viele und stark gekoppelte Wechselwirkungen mit den Kernprozessen gibt. Das Gesundheitsmanagement darf also kein von der Wertschöpfung zu trennender Prozess sein, sondern integraler Bestandteil aller Tätigkeiten. Diese Zusammenhänge sind in Abb. 16.1 dargestellt.

Hier nochmals zur Erinnerung einige Beispiele für Prozesse im Betrieblichen Gesundheitsmanagement: (siehe auch Kap. 12 – Umfeld der Organisation)

• Ermittlung der Anforderungen von Interessierten Parteien
• Ermittlung gesetzlicher Forderungen
• Ableitung der Gesundheitspolitik aus den Anforderungen
• Analyse von Gesundheitschancen und -risiken
• Ableitung von gesundheitsförderlichen Maßnahmen
• Prozess zum Internen Audit des Betrieblichen Gesundheitsmanagements

Manchmal bietet es sich an, keine separaten Prozessbeschreibungen für das Betriebliche Gesundheitsmanagement zu erstellen, sondern die bestehenden Produktions- und Dienstleistungsprozesse und deren Beschreibungen hinsichtlich gesundheitsrelevanter Einflüsse

Abb. 16.1 Prozesse im Unternehmen

auf die Mitarbeiter und das Team zu überprüfen und entsprechend abzuändern. Als Beispiel sei hierfür der Prozess „Ermittlung der Anforderungen von Interessierten Parteien" genannt. Diesen Prozess werden wir im Unternehmen nur einmal definieren und dabei alle Aspekte (Umwelt-, Qualitäts-, Arbeitssicherheits- und Gesundheitsaspekte) beachten.

Natürlich sind auch die Wechselwirkungen der Prozesse sowie die unterstützenden Prozesse wie z. B. Einkauf, Logistik, Personal, Instandhaltung oder Controlling zu betrachten.

Konkret heißt dies, dass es Aufgabe der jeweils prozessverantwortlichen Führungskraft ist, die Prozesse und Abläufe so anzupassen, dass auch die Gesundheitsziele erreicht werden können. Natürlich kann der BGM-Beauftragte zusammen mit dem Mitarbeiter der Arbeitssicherheit oder dem betriebsärztlichen Dienst hierbei unterstützen und ausgehend von potenziellen Gefährdungen und Risiken die prozessspezifischen Gesundheitschancen und -risiken ergänzen.

Aus der Erfahrung heraus, dass bei finanziellen Engpässen, Umstellung oder Verlagerung nicht unbedingt erforderliche Systeme und Prozesse, Änderungen in den Verantwortlichkeiten, bei Personalwechsel o. ä. stiefmütterlich behandelt oder gar ausgehungert werden, haben die Autoren der DIN SPEC 91020 die Forderung explizit so formuliert, dass das Gesundheitsmanagement auch in besonderen Situationen weiter bestehen muss. Ob diese Forderung im Krisenfall wirklich eingeklagt werden kann, ist jedoch fraglich. Denn hat man das Betriebliche Gesundheitsmanagement im Unternehmen in die Kernprozesse verwoben und sind dessen erste Erfolge bei den Mitarbeitern angekommen, so ist nicht zu erwarten, dass irgendein Top-Management, das ja als „oberste Leitung" Gesamtverantwortung für das Betriebliche Gesundheitsmanagement trägt, diese „Erfolgsstory" bremsen wird.

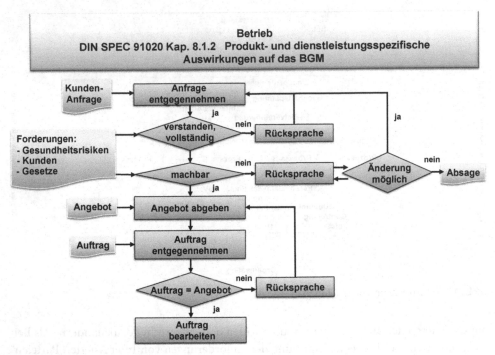

Abb. 16.2 Bewertung von Gesundheitschancen und -risiken

DIN SPEC 91020

8.1.2 Produkt- und dienstleistungsspezifische Auswirkungen auf das Betriebliche Gesundheitsmanagement

Die Organisation muss vor Abschluss von Liefer- und Dienstleistungsverträgen ermitteln, welche Gesundheitschancen und -risiken für ihre Mitglieder resultieren aus:

a. den Anforderungen der Kunden an die Produkte bzw. Dienstleistungen der Organisation;
b. der Entwicklung, Herstellung und Lieferung ihrer Produkte bzw. Erbringung ihrer Dienstleistungen.

Die ermittelten Gesundheitschancen und -risiken sind zu bewerten und erforderliche Maßnahmen nach 6.1 abzuleiten. Geeignete Aufzeichnungen nach 7.5.3 sind zu führen.

Bereits bei Kundenanfragen während der Machbarkeitsanalyse sollte es idealerweise einen Prozessschritt geben, in dem auch untersucht wird, ob und welche Einflüsse auf die Gesundheit und das Wohlbefinden der Mitarbeiter während des gesamten Produktlebenszyklus auftreten könnten und welche Maßnahmen daraus resultieren. In Abb. 16.2 ist der Prozess dargestellt, wie Kundenanfragen im Unternehmen auf Machbarkeit bewertet werden sollen. Dabei wurden in der Vergangenheit nur technische, kaufmännische oder zeitliche Risiken bewertet. In diesem Abschnitt der DIN SPEC 91020 wird gefordert, dass nun auch Gesundheitschancen und -risiken bewertet werden sollen, wenn ein Kunde oder eine Interessierte Partei eine Anfrage an das Unternehmen richtet.

Der Produktlebenszyklus umfasst die Entwicklung, Auswahl und Beschaffung von Rohstoffen, Maschinen und Hilfsstoffen, alle Produktionsschritte vom Wareneingang bis zur verpackten Auslieferung, den Service und letztendlich die Verschrottung oder Entsorgung des Produktes. Für alle diese Schritte sind die potenziellen Gesundheitsrisiken zu ermitteln.

Hier bietet sich der Einsatz einer Checkliste an. Diese sollte nicht nur die mögliche Reduzierung von Gefährdungen und Risiken, sondern auch Hinweise auf verfügbare und bekannte Ressourcen enthalten, die mit der Gesundheitspolitik und deren Ziele vereinbar sind.

Die Gesundheitsverträglichkeit von Materialien, Produkten, aber auch Verpackungen, und zwar sowohl von Produkten als auch von deren Komponenten (z. B. Farben, Kunststoffe), von Abfällen oder Nebenprodukten (z. B. Gase) wird in die Bestellspezifikation aufgenommen und kann anschließend vom Produkt-Marketing als Verkaufsargument verwendet werden.

Bei der Lieferantenbewertung und -auswahl werden gesundheitsspezifische Kriterien zugrunde gelegt: Lieferanten mit einem nachgewiesenen (zertifizierten) Betrieblichen Gesundheitsmanagement werden gegenüber Wettbewerbern ohne Betriebliches Gesundheitsmanagement bevorzugt, Niedriglohn-Arbeit oder Kinderarbeit wird nicht akzeptiert. Dies sollte bei Lieferantenaudits überprüft werden.

Während der Produkt- oder Produktionsentwicklungsphasen werden die gesundheitsrelevanten Aspekte von vorn herein mit berücksichtigt, also in das Produkt hinein entwickelt und im Lasten-/Pflichtenheft dokumentiert. Sie werden in der Produktspezifikation benannt und als Produkteigenschaft kommuniziert. Im Sinne einer kontinuierlichen Verbesserung findet eine Überprüfung in den einzelnen Phasen der Entwicklung und Produktrealisierung und ggf. eine Anpassung der Maßnahmen statt.

Gesundheitschancen und -risiken können sein: ergonomische Gesichtspunkte während der Montage und der internen Logistik, Anforderungen an die Kompetenzen der Mitarbeiter, an die Hilfsmittel und die Arbeitsumgebung. Die Arbeitsorganisation spielt eine bedeutende Rolle hinsichtlich der Arbeitsabläufe, Diversifizierung und Möglichkeiten zur Teamarbeit.

Als Methoden bieten sich die bekannten Werkzeuge aus dem Qualitäts- und Umweltmanagement an, wie z. B. die Fehlermöglichkeits- und Einflussanalyse FMEA oder die Ishikawa-Methode. Mit ihr können in modifizierter Form die Gesundheitschancen und -risiken identifiziert werden (Näheres siehe Kap. 14 „Planung").

DIN SPEC 91020

8.1.3 Mitarbeiterorientierung

Die Organisation muss über ein dokumentiertes Verfahren verfügen, das den gesundheitsgerechten und leistungsförderlichen Einsatz ihrer Mitglieder nachvollziehbar macht.

Hierzu gehört:

a. Alle Organisationsmitglieder müssen die Möglichkeit haben, das Betriebliche Gesundheitsmanagement mitzugestalten und Vorschläge zur Verbesserung einzubringen.
b. Die Organisation muss festlegen, wie die Mitglieder der Organisation in geplanten Abständen und bei Bedarf ein konstruktives persönliches Feedback über ihren Anteil an der Wirksamkeit des Betrieblichen Gesundheitsmanagementsystems und dem Leistungsergebnis der Organisation erhalten.

Geeignete Aufzeichnungen nach 7.5.3 sind zu führen.

Betriebliches Gesundheitsmanagement ist kein Selbstzweck der Organisation. Unter dem Motto „Betroffene zu Beteiligten machen" ist es unablässig, dass die Mitarbeiter aktiv in „ihr" Unternehmen eingebunden sind und dieses mitgestalten können. Da sie naturgemäß die besten Einfälle haben, welche gesundheitsfördernden Maßnahmen am kostengünstigsten umzusetzen sind und am effizientesten wirken, sind ihre Ideen und Anregungen unverzichtbar. Ein niederschwelliges, attraktives Vorschlagswesen oder ein „Arbeitskreis Gesundheit" kann diese Vorschläge aufnehmen, auswerten und zur Umsetzung einbringen. Bei aller Fürsorge und Förderung der Gesundheit der Mitarbeiter innerhalb des Betrieblichen Gesundheitsmanagements wird ihnen jedoch nie die Verantwortung für die persönliche Gesundheit, das eigene Gesundheitsverhalten oder gar das individuelle Schicksal abgenommen. Ebenso darf nie der Eindruck entstehen, dass die angebotenen gesundheitsfördernden Maßnahmen wie in einem Selbstbedienungsladen ohne Preisschilder als „Manna" über die Belegschaft ausgegossen werden. Unternehmen sind für gesundheitsfördernde Rahmenbedingungen wie Arbeitsumgebung, Arbeitsorganisation und soziale Möglichkeiten in den Geschäftsprozessen verantwortlich und zwar mit Maßnahmen, die sich üblicherweise an Mitarbeitergruppen oder die ganze Belegschaft richten. Nur bei der medizinischen oder psychischen Betreuung durch die Betriebsärzte und Experten steht der einzelne Mitarbeiter im Vordergrund.

Zu beachten ist, dass die Mitarbeiter immer eine Rückmeldung zu ihrem Vorschlag erhalten müssen, da sonst sehr schnell der Briefkasten leer bleibt. Anfangs kann mit kleinen Sachprämien oder Auslosungen unter allen Vorschlägen ein kreativer Schub ausgelöst werden. Motivationssteigernd sind auch persönliche Rückmeldungen durch die Führungskräfte oder „Aushänge" mit Nennung der Vorschläge und – falls erlaubt – der Ideengeber.

Information, Kommunikation und Transparenz schaffen Vertrauen und Akzeptanz für das Betriebliche Gesundheitsmanagement und motivieren die Mitarbeiter zu einem gesundheitsförderlichen Verhalten. Mitarbeiterforen, Gesundheitstage, Aktionen, Plakate, Kampagnen, Gruppenangebote sollten so gestaltet werden, dass alle Mitarbeiter – auch die aus der Nachtschicht – die Möglichkeit haben, sich daran zu beteiligen. Bei der Planung von Maßnahmen sind die lokalen, regionalen, gesellschaftlichen und besonders die kulturellen Bedingungen und Hintergründe der Mitarbeiter zu berücksichtigen.

So wie erwartet wird, dass sich alle Mitarbeiter konstruktiv und kreativ an der Gestaltung des Betrieblichen Gesundheitsmanagements beteiligen, so ist im Gegenzug mit jedem Mitarbeiter über die Maßnahmen und Erfolge des Betrieblichen Gesundheits-

managements zu sprechen. Es ist sehr sinnvoll und effizient, wenn diese Feedback-Gespräche in die bereits vorhandenen, regelmäßigen Leistungsbeurteilungs-, Gehalts- oder Weiterentwicklungsgespräche integriert werden.
Bei dem Feedback-Gespräch sollten folgende Aspekte enthalten sein:

- Positive Rückmeldung und sachliche Anerkennung der Arbeitsleistung als Teil des Gesamtergebnisses und des persönlichen Engagements hinsichtlich des Betrieblichen Gesundheitsmanagements
- Sachliche Kritik an der Arbeitsleistung, dem sozialen Verhalten und Beachtung der Vorgaben des Betrieblichen Gesundheitsmanagements
- Aufzeigen von Verbesserungsmöglichkeiten und Verfolgen der Maßnahmen.

Hierüber sind Aufzeichnungen zu führen, die natürlich datenschutzrechtlichen Bestimmungen entsprechen müssen und der strengen Vertraulichkeit unterliegen. Da hier ganz besonders die Führungskräfte in die Verantwortung genommen werden, ist es erforderlich, sie in diesen Gesprächstechniken zu schulen, Supervisionen oder kollegiale Beratungen anzubieten. Abhängig von der Kompetenz der Mitarbeiter und der gelebten Unternehmenskultur müssen die Mitarbeiter ebenso an das Verfahren herangeführt werden. Ist das Vertrauen auf beiden Seiten sehr groß, kann auch über 360°-Gespräche nachgedacht werden, bei denen auch Vorgesetzte ein Feedback erhalten.
Die Systematik der Mitarbeiterbeteiligung und des Feedback muss in einem Verfahren beschrieben sein.

DIN SPEC 91020

8.1.4 Infrastruktur

Die Organisation muss ihre Infrastruktur ermitteln und gesundheitsgerecht und leistungsförderlich bereitstellen und aufrechterhalten.
Hierzu gehört, soweit erforderlich, Folgendes:

a. Gebäude, Arbeitsort und zugehörige Versorgungseinrichtungen;
b. unterstützende Dienstleistungen, z. B. Training im Rahmen des Betrieblichen Gesundheitsmanagements, Einbindung von Arbeitsschutz (Arbeitsmedizin bzw. Arbeitssicherheit) in Prozesse des Betrieblichen Gesundheitsmanagements;
c. Prozessausrüstung, z. B. Software zur Lenkung von Projekten des Betrieblichen Gesundheitsmanagements, Hardware.

Hervorgehoben ist in der DIN SPEC 91020 die besondere Zusammenarbeit zwischen den Bereichen Arbeitssicherheit, Arbeitsmedizin und dem Betrieblichen Gesundheitsmanagement. Aufgabe des Betrieblichen Gesundheitsmanagements ist, innerhalb der Infrastruktur eines Unternehmens z. B. bei der Gestaltung des Arbeitsplatzes, der Auswahl der Firmenstandorte oder der Nutzung der IT-Umgebung die über die Anforderungen der Arbeitssicherheit und Arbeitsmedizin hinausgehenden Gesundheitschancen zu erarbeiten.
Die Infrastruktur eines Unternehmens ist naturgemäß je nach Produkt oder Dienstleistung, je nach Mitarbeiterzahl und globalem Standort sehr unterschiedlich und nahezu

unendlich vielfältig. Aus diesem Grund sollen hier keine weiteren Angaben gemacht werden. Generell soll aber klargestellt sein, dass die Autoren dieser DIN SPEC 91020-Forderung nicht im Sinne hatten, jede Firma nach den Illusionen von „Schöner Wohnen" zu optimieren.

DIN SPEC 91020

8.1.5 Ausgegliederte Prozesse

Wenn sich eine Organisation dafür entscheidet, einen Prozess auszugliedern, der die Konformität des Arbeitssystems bzw. der Organisation mit den Anforderungen der Interessierten Parteien (siehe 4.2) beeinflusst, muss die Organisation die Lenkung derartiger Prozesse nach 8.1.1 sicherstellen. Die Art und der Umfang der Lenkung derartiger ausgegliederter Prozesse müssen im Betrieblichen Gesundheitsmanagementsystem festgelegt sein.

ANMERKUNG 1 Ein „ausgegliederter Prozess" ist ein Prozess, den die Organisation für ihr Betriebliches Gesundheitsmanagementsystem benötigt und bei dem sie entschieden hat, dass sie ihn durch eine externe Partei ausführen lässt. Dies kann sich z. B. beziehen auf Training, Fitness, Ernährungsberatung.

ANMERKUNG 2 Das Sicherstellen der Lenkung der ausgegliederten Prozesse entbindet die Organisation nicht von der Verantwortung für die Erfüllung aller Anforderungen der Interessierten Parteien, einschließlich der zutreffenden rechtlichen Verpflichtungen.

Insbesondere kleinere Unternehmen sind darauf angewiesen, Dienstleistungen extern zu vergeben. Spezialisierte Dienstleister bieten kostengünstig an, beispielsweise die Aufgaben der Arbeitsmedizin, des Betriebsärztlichen Dienstes oder die Bearbeitung der Anforderungen der Arbeitssicherheit und die Unfallanalyse durchzuführen. Meist werden sie vertraglich zur Sicherstellung des gesetzlichen Rahmens verpflichtet. Beim Betrieblichen Gesundheitsmanagement ist diese Vergabe „nach außen" nur in Grenzen möglich. Wie bereits mehrfach betont, wirkt ein Betriebliches Gesundheitsmanagement nur dann, wenn es in die Geschäftsprozesse integriert ist.

So ist es auf alle Fälle sinnvoll, spezielle Unternehmensberater mit Methodenkompetenz für Managementsysteme zu verpflichten oder Experten der Gesundheitsanalyse, der Gruppen-Moderation und der Teamentwicklung zu beauftragen. Gerade bei der erstmaligen Einführung des Betrieblichen Gesundheitsmanagements kann die Erfahrung dieser Spezialisten verhindern, dass gleich zu Anfang „Porzellan zerschlagen wird" (siehe Kap. 7 „Stolpersteine"). Ebenso kann man sich vorstellen, die Erstellung und Lenkung der Dokumentation, der Mitarbeiter-Kommunikation, des Vorschlagswesens oder die Aufbereitung des Reporting durch beauftragte Dienstleister und Präventiv-Bereiche durchführen zu lassen.

Von Auslagerung häufig betroffen sind die Bereiche Ernährung, Bewegung, Entspannung oder Training. So werden die Ernährungsberatung, die Kantine oder der Kiosk unter externer Leitung betrieben, ebenso wie das Sportstudio, der psychologische Dienst, sog. Employer Assistant Programme (EAP), Ergonomie und allgemein das Training. Falls dies der Fall ist, wird die oberste Leitung keineswegs von der Verpflichtung entbunden, auch in diesen extern betriebenen Geschäftsprozessen Gesundheitschancen und -risiken zu bewerten und die Beauftragung dementsprechend zu gestalten.

Evaluation der Leistung

Zusammenfassung

In Kap. 4 „Ziele und Nutzen" wurde bereits formuliert, dass ein erfolgreiches Betriebliches Gesundheitsmanagement eine Win-win-Situation erreichen muss, die die Gesundheit der Mitarbeiter verbessert und zugleich die Produktivität des Unternehmens stärkt. Der fundamentale Unterschied zwischen herkömmlichen Gesundheitsfördermaßnahmen und einem Betrieblichen Gesundheitsmanagement ist die Anwendung des PDCA-Zyklus, der eine iterative, kontinuierliche Verbesserung vorschreibt. Eine Verbesserung kann nur erreicht werden, wenn man den IST-Zustand ermitteln und ein daraus abgeleitetes Ziel vereinbaren kann.

Bei der vielzitierten Win-win-Situation ist die betriebswirtschaftliche Sicht durch Kennzahlen relativ leicht darstellbar. So kann man beispielweise Leistungskennzahlen der Prozesse messen (KPI = Key Performance Indicator) oder die Amortisation von Investitionen (ROI = Return on Investment). Schwieriger gestaltet sich die Messung bzw. Bewertung der Gesundheit oder gar der Gesundheitsverbesserung der Mitarbeiter. Bekanntlich hat jeder ein individuelles Verständnis von Wohlfühlen und positioniert dieses dementsprechend in einer wie auch immer gestalteten Skala nach eben diesen individuellen Kriterien. D. h. die Gesundheit eines Unternehmens mit einer Schulnote bewerten zu können, ist Illusion. Dennoch müssen auch hier Kennzahlen zur Überwachung generiert werden. Der Weg zu einer Bewertung der Gesundheit führt über das „Analyse-Audit" (siehe Kap. 14 Planung).

Die Evaluation des gesamten Betrieblichen Gesundheitsmanagements erfolgt auf klassische Weise durch ein internes Audit.

M. Kaminski, *Betriebliches Gesundheitsmanagement für die Praxis*, DOI 10.1007/978-3-658-01274-8_17, © Springer Fachmedien Wiesbaden 2013

DIN SPEC 91020

9 Evaluation der Leistung

9.1 Überwachung, Messung, Analyse und Evaluation

Die Organisation muss die Überwachungs-, Mess-, Analyse- und Evaluationsprozesse planen und verwirklichen, die erforderlich sind, um:

a. die Konformität des Betrieblichen Gesundheitsmanagementsystems mit den Anforderungen dieser Spezifikation sicherzustellen;
b. die Wirksamkeit des Betrieblichen Gesundheitsmanagementsystems ständig zu verbessern.

Dies muss die Festlegung von zutreffenden Methoden, einschließlich statistischer Methoden, und das Ausmaß ihrer Anwendung enthalten.
   Die Organisation muss festlegen:

a. was zu messen, analysieren und evaluieren ist;
b. welche Methoden zur Überwachung, Messung, Analyse und Evaluation anzuwenden sind, um fundierte Ergebnisse zu gewährleisten;
c. wann die Überwachung und Messung durchzuführen ist;
d. wann die Analyse und Evaluation der Ergebnisse der Überwachung und Messung durchgeführt werden sollen.

Geeignete Aufzeichnungen nach 7.5.3 sind zu führen.

Um Rückschlüsse auf die Wirkung des Betrieblichen Gesundheitsmanagements zu erhalten und in einer Zeitperiode, z. B. monatlich, quartalsweise oder jährlich einen Bericht erstellen zu können, stehen einige typische Messwerte zur Verfügung:

- Freiwillige Fluktuation [%]
- Konflikt-, Mobbing- und Burn-out-Fälle
- Besuche bei psychischen oder psychosozialen Beratungen
- Besuche beim Betriebsmedizinischen Dienst sowie Teilnahme an freiwilligen Gesundheitsvorsorgeangeboten
- Gesundheitsberichte und statistische Auswertungen der Arbeitsmedizin
- Unfallhäufigkeit, Beinahe-Unfälle (Vorsicht: Die Meldung von Beinahe-Unfällen kann auch positiv gewertet werden im Sinne von erhöhter Bewusstseinsbildung der Belegschaft)
- Vorschlagswesen
- Auditergebnisse
- Mitarbeiterzufriedenheit, Anzahl der Vorgesetzten-Feedback-Gespräche
- Teilnahmequote an betrieblichen Veranstaltungen
- Betriebsrestaurant: Gesamtessensausgaben und Anteil der „Feel-Fit"-Essen [%]
- Betriebliches Eingliederungs-Management BEM: Anteil der Inanspruchnahme [%], Gründe für Erkrankungen

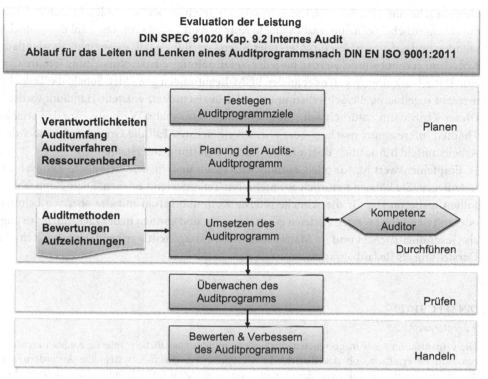

Abb. 17.1 Der Interne Auditprozess

Aus solchen Daten einen Gesundheitsstatus des ganzen Unternehmens herausfiltern zu können, kann Aufgabe eines „Arbeitskreises Gesundheit" sein, der paritätisch aus Vertretern der ganzen Belegschaft zusammengesetzt ist. Gerade bei der Interpretation von Gesundheitsdaten ist die Gefahr groß, dass diese Statistiken für unternehmens- oder gewerkschaftspolitische Interessen instrumentalisiert werden. Dieser BGM-spezifische Prozess muss daher vereinbart sowie klar und einfach beschrieben werden.

Die Bestandteile des Prozesses zur Bewertung der Wirksamkeit des Betrieblichen Gesundheitsmanagements sind:

- Ableitung und Formulierung von Zielen, die konform mit der Gesundheitspolitik, aber auch mit Kennzahlen zu überprüfen sind
- Festlegung und eindeutige Definition der Gesundheitskennzahlen („Viele Kennzahlen helfen nicht viel")
- Planung der Überprüfungsaktivitäten bereits bei der Festlegung der einzelnen Gesundheitsfördermaßnahmen
- Vereinbarung der statistischen Verfahren zur Interpretation der Messergebnisse hinsichtlich Aussagekraft, verständlich für alle Mitarbeiter und nutzbar für die Lenkung und die kontinuierliche Verbesserung.

Hier ein sehr einfaches Beispiel: Die Kennzahl „Teilnehmerzahl bei der Rückenschule". Die durchschnittliche Teilnehmerzahl sollte je Kurs > 8 und < 15 sein. Die Zahl der Teilnehmenden und ggf. deren Geschlechter- oder Altersverteilung – falls diese zuvor als wichtiges Kriterium erkannt wurde, werden bei jeder Veranstaltung von der Kursleitung ermittelt, in eine Datenbank eingetragen oder an den BGM-Beauftragten gemeldet. Sobald die Teilnehmerzahl regelmäßig die Schwellen unter- oder überschreitet, entsteht Handlungsbedarf. Dieser kann dann natürlich sehr unterschiedlich sein: mehr Werbung, Anreize setzen, Themen interessanter machen, oder aber im einfachsten Fall die Gruppe teilen oder das Arbeitsumfeld hinsichtlich übermäßiger Rückenbelastung untersuchen.

Empfehlenswert ist, für alle Gesundheitschancen und -risiken belastbare Kennzahlen festzulegen. Sie können natürlich aus mehreren Teilaspekten bestehen. Diese Kennzahlen sollten insbesondere für die schnelle interne Kommunikation mit der obersten Leitung oder mit den Interessierten Parteien genutzt werden und können in der Zusammenfassung als Gesundheitsbericht und im Managementreview dargestellt werden. Hier bietet sich die Darstellung als Radardiagramm an.

DIN SPEC 91020

9.2 Internes Audit

Die Organisation muss in geeigneten Abständen, mindestens jährlich, interne Audits durchführen, um zu ermitteln, ob das Betriebliche Gesundheitsmanagementsystem die Anforderungen dieser Spezifikation und die von der Organisation festgelegten Anforderungen zum Betrieblichen Gesundheitsmanagement wirksam verwirklicht und aufrechterhält.

Hierzu muss ein Verfahren festgelegt werden, das Folgendes beinhaltet:

a. Planung, Umsetzung und Aufrechterhaltung eines Auditprogramms, einschließlich:
   - Verantwortlichkeiten;
   - Auditkriterien, Auditumfang, Audithäufigkeit, Auditmethoden;
   - Berücksichtigung von Status und Bedeutung der zu auditierenden Prozesse und Bereiche;
   - Berücksichtigung der Ergebnisse früherer Audits.
b. Sicherstellen der Objektivität und Unabhängigkeit der internen Auditoren/Auditorinnen;
c. Berichterstattung der Auditergebnisse an die oberste Leitung der Organisation und die jeweils zuständigen Führungskräfte.

Geeignete Aufzeichnungen nach 7.5.3 sind zu führen.

ANMERKUNG Als Anleitung für den Auditprozess sollte die DIN EN ISO 19011 verwendet werden.

Wie auch in den bereits etablierten Managementsystemen von Qualität, Umwelt oder Arbeitsschutz wird auch für das Betriebliche Gesundheitsmanagement ein internes Audit gefordert. Es bietet sich also an, bestehende Verfahren zu modifizieren bzw. zu ergänzen.

In Abb. 17.1 ist der Prozess dargestellt, wie man interne Audits im Unternehmen realisiert.

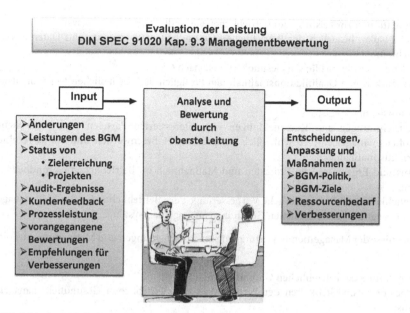

Abb. 17.2 Managementbewertung

Sollte das Unternehmen mehrere Managementsysteme umgesetzt haben, so sollten sich die Auditoren bei der Planung und Durchführung der Audits abstimmen. Für die Akzeptanz der Audits ist es nicht gerade förderlich, wenn kurz hintereinander der Qualitätsauditor, dann der Umweltauditor, gefolgt von der Sicherheitsfachkraft, dem Betriebsarzt und jetzt auch noch vom BGM-Auditor in die einzelnen Prozesse oder Abteilungen des Unternehmens gehen, um teils ähnliche Fragen zur Lenkung von Dokumenten, Regelung von Verantwortlichkeiten oder zur internen Kommunikation zu stellen. Effizienter ist es, diese Audits abzustimmen und sogar im Team ein kombiniertes Audit gemäß „Leitfaden zur Auditierung von Managementsystemen ISO 19011" [22] durchzuführen. Details für ein qualifiziertes und erfolgreiches Audit sind in diesem Leitfaden dargestellt und sollen hier nicht weiter ausgeführt werden.

DIN SPEC 91020

9.3 Managementbewertung

Die oberste Leitung muss das Betriebliche Gesundheitsmanagementsystem der Organisation in geeigneten Abständen, mindestens jährlich, bewerten, um dessen fortdauernde Eignung, Angemessenheit und Wirksamkeit sicherzustellen.

Diese Bewertung muss den Änderungsbedarf für das Betriebliche Gesundheitsmanagementsystem, einschließlich der betrieblichen Gesundheitspolitik und der betrieblichen Gesundheitsziele, und die Beurteilung von Möglichkeiten für Verbesserungen enthalten.

In die Managementbewertung müssen Informationen zu folgenden Punkten einfließen:

a. Status der Maßnahmen aus vorherigen Managementbewertungen;
b. Änderungen in der Organisation oder in den sonstigen Rahmenbedingungen, die Auswirkungen auf das Betriebliche Gesundheitsmanagementsystem haben könnten;

c. Informationen zur Leistung des Betrieblichen Gesundheitsmanagementsystems;
d. Geschäftsplan bezüglich des Betrieblichen Gesundheitsmanagements und Daten aus internen Berichten;
e. Erreichung der betrieblichen Gesundheitsziele nach 6.2;
f. Wirksamkeit von Qualifikationsmaßnahmen bezüglich des Betrieblichen Gesundheitsmanagements;
g. Ergebnisse aus Audits;
h. Wahrnehmungen und Rückmeldungen von Interessierten Parteien zum Betrieblichen Gesundheitsmanagement, einschließlich entsprechender Beschwerden und Status resultierender Korrekturmaßnahmen;
i. Status und Ergebnisse von Projekten und Maßnahmen im Betrieblichen Gesundheitsmanagement;
j. Möglichkeiten für kontinuierliche Verbesserungen des Betrieblichen Gesundheitsmanagements, auch bezüglich des Betrieblichen Gesundheitsmanagementsystems.

Die Ergebnisse der Managementbewertung müssen Entscheidungen und Maßnahmen zu Folgendem enthalten:

a. Überprüfung der betrieblichen Gesundheitspolitik;
b. Verbesserungsmöglichkeiten der Wirksamkeit des Betrieblichen Gesundheitsmanagementsystems;
c. Verbesserungsmöglichkeiten des Betrieblichen Gesundheitsmanagements bezüglich der Anforderungen der Interessierten Parteien;
d. Festlegen/Fortführen der betrieblichen Gesundheitsziele nach 6.2;
e. Bereitstellung der erforderlichen Ressourcen.

Geeignete Aufzeichnungen nach 7.5.3 sind zu führen.

Die Kernpunkte der Managementbewertung sind in Abb. 17.2 dargestellt.

Durch die Managementbewertung wird sichergestellt, dass die „oberste Leitung" (der Geschäftsführer, der CEO und die Managementebene) sich intensiv und regelmäßig mit dem Betrieblichen Gesundheitsmanagement auseinandersetzt. Die Autoren der DIN SPEC 91020 haben diese Forderungen sehr detailliert formuliert, um so eine Art Checkliste für das Managementreview und die damit verbundenen Entscheidungen aufzuzeigen (siehe Abb. 17.2).

Bemerkungen zu einigen Einzelpunkten: Bekanntlich ist für das Top-Management von besonderem Interesse, wie sich die prognostizierte Win-win-Situation im Berichtszeitraum entwickelt hat und welche Auswirkungen auf die Geschäftsplanung und betriebswirtschaftlichen Geschäftsberichte entstanden sind, um ggf. den Fokus neu ausrichten zu können. Dabei ist auch über die Verwendung der finanziellen Mittel und der sonstigen Ressourcen im Betrieblichen Gesundheitsmanagement zu berichten.

Um diese Win-win-Aussage prägnant, mit Zahlen untermauert, tätigen zu können, sind neben den Daten des Betrieblichen Gesundheitsmanagements Daten der Personalabteilung (Fluktuation, Fehlzeiten, Durchschnittsalter der Belegschaft), der Finanzabteilung (Gewinnentwicklung, Produktivität), dem Arbeitsschutz (Unfallzahlen), dem Medizinischen Dienst (Betriebliches Eingliederungsmanagement) oder dem Qualitätsmanagement

(Kundenzufriedenheit, Reklamationen), zusammenzutragen, geeignet zu verdichten und möglichst graphisch mit ihrem Verlauf darzustellen. Wenn in diesem Bericht die Botschaft: „Unser Betriebliches Gesundheitsmanagement zahlt sich aus!" plausibel vermittelt werden kann, ist für die Mitarbeiter und das Unternehmen einiges erreicht worden.

Auf Änderungen bzw. Verbesserungen im sozialen Verhalten der Mitarbeiter innerhalb des Unternehmens wird in Punkt f) „Wirksamkeit von Qualifikationsmaßnahmen" der Managementbewertung hingewiesen. In Kap. 2 „Das gesunde Unternehmen" ist erläutert, dass das „Social Capital" besonders für innovative und kreative Unternehmen von besonderer und wachsender Bedeutung ist. Um die Vernetzung der Mitarbeiter zu verbessern, sind Qualifizierungsmaßnahmen unerlässlich, in denen Schritte der Sensibilisierung zum Thema „Unser Team" vermittelt werden. Allein die Darstellung dieser Teilnahmequoten ist schon ein Indiz dafür, dass Fortschritte im Social Capital gemacht wurden.

„Wurde das Betriebliche Gesundheitsmanagement überhaupt von den Interessierten Parteien wahrgenommen und, wenn ‚ja', mit welchem Feedback?" Besonders über Kundenrückmeldungen ist es wichtig zu berichten. Nur Lobeshymnen aufzulisten, erhellt meist die Gesichter des Top-Managements für kurze Zeit, dagegen sind Beschwerden in der Regel wertvoller, da sie den kontinuierlichen Verbesserungsprozess in Schwung halten. Selbst wenn oft Kundenbeschwerden eher beim Qualitätsmanagement ankommen, ist es hilfreich nachzufragen, inwieweit auch das Betriebliche Gesundheitsmanagement einen Einfluss hatte oder wie das Betriebliche Gesundheitsmanagement helfen kann, diese Beschwerden in Zukunft zu vermeiden.

Mit den Informationen der 15 Einzelpunkte dieses Abschnitts kann das Management-Team Entscheidungen treffen und über Maßnahmen entscheiden, in welche Richtung das Betriebliche Gesundheitsmanagement weiterentwickelt werden soll. Diese Zielsetzung ist zu protokollieren und als neue Aufgabenstellung zu verstehen.

Verbesserung

18

Zusammenfassung

Fehler sind Chancen zur Verbesserung! Sie sind ein Schatzkästchen. Durch sie kann man lernen und das System, die Maßnahme oder Aktion korrigieren oder verbessern. Noch wertvoller sind die Beinahe-Fehler. Hier kann vorbeugend agiert und gegengesteuert werden, so dass ein Fehler vermieden wird. In einer „Kultur der Aufmerksamkeit" und des Vertrauens kann über Fehler offen gesprochen werden und über Optimierungen diskutiert werden, ohne dass versucht wird, Fehler oder Missgeschicke zu vertuschen oder unter den Teppich zu kehren.

DIN SPEC 91020

10 Verbesserung

10.1 Fehler, Korrektur- und Vorbeugungsmaßnahmen im Betrieblichen Gesundheitsmanagementsystem

Die Organisation muss ein dokumentiertes Verfahren erstellen, das Folgendes beinhaltet:

a. Identifizierung der Fehler im Betrieblichen Gesundheitsmanagement;
b. Maßnahmen zur Beseitigung der Fehler und zur Minimierung der Fehlerfolgen;
c. Maßnahmen zur Beseitigung der Fehlerursachen:
   - Bewertung der Fehler;
   - Ermittlung der Fehlerursachen;
   - Ermittlung ähnlicher Fehlermöglichkeiten im Betrieblichen Gesundheitsmanagementsystem;
   - Beurteilung des Handlungsbedarfs, um das erneute Auftreten der Fehler bzw. das Auftreten möglicher Fehler und die jeweiligen Fehlerfolgen zu verhindern;
   - Ermittlung und Umsetzung angemessener Korrektur- und Vorbeugungsmaßnahmen;
   - Bewertung der Wirksamkeit der ergriffenen Korrektur- und Vorbeugungsmaßnahmen.

Geeignete Aufzeichnungen nach 7.5.3 sind zu führen, insbesondere bzgl. Fehlerart, ergriffener Korrektur- und Vorbeugungsmaßnahmen und resultierender Ergebnisse.

M. Kaminski, *Betriebliches Gesundheitsmanagement für die Praxis*,
DOI 10.1007/978-3-658-01274-8_18, © Springer Fachmedien Wiesbaden 2013

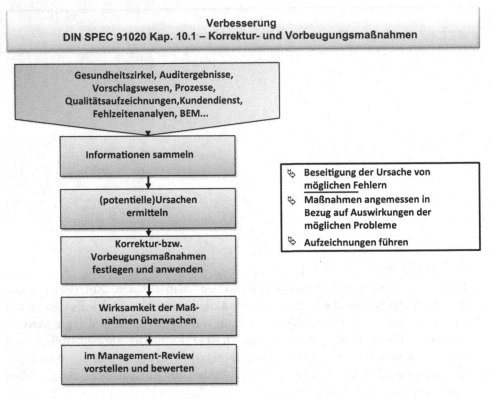

Abb. 18.1 Prozess zu Korrektur- und Vorbeugungsmaßnahmen

Normalerweise ist der Begriff „Fehler" eindeutig. Ein fehlerhaftes Produkt ist zweifelsfrei ein Produkt, das die ihm zugedachte Funktion nicht erfüllt. Schwieriger wird es bei der Definition „Fehler" im Betrieblichen Gesundheitsmanagement. Ist zu wenig Handlungsspielraum ein „Fehler"? Weil es nicht so eindeutig ist, was im Betrieblichen Gesundheitsmanagement ein „Fehler" ist, schreibt die DIN SPEC 91020 vor, dass ein Unternehmen den Begriff „Fehler" für sich zunächst selbst festlegen muss.

Hier einige Beispiele, was „Fehler" im Betrieblichen Gesundheitsmanagement sein könnten: Fehler sind auf alle Fälle die Nichteinhaltung von gesetzlichen Vorgaben, Nicht-Konformitäten oder Abweichungen gegenüber den Forderungen der DIN SPEC 91020 oder die Verletzung von Vorgaben des Unternehmens. Ein Fehler ist es sicherlich auch, wenn Regeln missachtet werden, die bei gesundheitsförderlichen Maßnahmen vereinbart wurden. Fehler können selbstverständlich auch bei allen Prozessschritten von Gesundheitsfördermaßnahmen innerhalb des Unternehmens oder bei Dienstleistern entstehen.

Der Prozess, der hinter den Forderungen dieses Abschnitts der DIN SPEC 91020 steckt, ist in Abb. 18.1 dargestellt.

Fehler oder potenzielle Fehler werden bei verschiedenartigen Aktivitäten im Unternehmen entdeckt (Gesundheitszirkel, Auditergebnisse etc. siehe Abb. 18.1).

Sie müssen zunächst einer Analyse und Ursachenermittlung unterzogen werden. Hierfür bieten sich etablierte Techniken z. B. aus dem Qualitätsmanagement an: 8-D-Report, FMEA Fehlermöglichkeits- und Einflussanalyse, Fischgräten- oder Ishikawa-Diagramm. Diese können recht einfach an die Fragestellung des Betrieblichen Gesundheitsmanagements adaptiert werden und bieten Möglichkeiten zur Synergie mit anderen Managementsystemen.

Hat man die Ursachen ermittelt, können Korrektur- bzw. Vorbeugemaßnahmen abgeleitet werden.

Alle Fehler zentral in einer Datenbank zu führen, sowie die einzelnen Schritte des Verfahrens dort abzubilden und zu verfolgen, ist meist schon Stand der Technik.

Wie bereits in Kap. 4 „Ziele und Nutzen" formuliert wurde, ist das Betriebliche Gesundheitsmanagement dem Wesen nach ein „echtes" Managementsystem, ein Führungsinstrument eines Unternehmens. Damit sollte also selbstredend verstanden werden, dass das Betriebliche Gesundheitsmanagement zwar einen Anfang, aber kein Ende hat. Dies ist der bedeutendste Unterschied zu jeder Gesundheitsfördermaßnahme, die spätestens dann endet, wenn das Budget für diese Maßnahme aufgebraucht ist. So gesehen, könnte man diesen Abschnitt in der DIN SPEC 91020 auch weglassen. Den Autoren der DIN SPEC 91020 war es jedoch wichtig die einzelnen Bereiche explizit aufzulisten, deren kontinuierliche Verbesserung das gesamte Betriebliche Gesundheitsmanagement aktuell hält.

DIN SPEC 91020

10.2 Kontinuierliche Verbesserung

Die Organisation muss die Wirksamkeit des Betrieblichen Gesundheitsmanagementsystems durch folgende Maßnahmen ständig verbessern:

a. Führungsverhalten nach Abschn. 5;
b. Umsetzung der betrieblichen Gesundheitspolitik nach 5.2;
c. Festlegung von betrieblichen Gesundheitszielen nach 6.2;
d. Ableitung und Umsetzung von Maßnahmen zur Zielerreichung nach 6.2;
e. Datenanalyse nach 9.1;
f. Auswertung der Auditergebnisse nach 9.2;
g. Managementbewertung nach 9.3;
h. Korrektur- und Vorbeugungsmaßnahmen nach 10.1.

„Nobody is perfect" und „wir werden jeden Tag ein bisschen besser" ... beide Schlagworte stehen für kontinuierliche Verbesserung. Allein schon die Erkenntnis, dass die Perfektion noch nicht vorhanden ist, kann Ansporn sein, den PDCA-Zyklus erneut zu starten. Dass das Optimum iterativ erreicht werden soll, bestimmt dann das Verfahren für die kontinuierliche Verbesserung.

Bei der Festlegung von betrieblichen Gesundheitszielen wird die Methode der kontinuierlichen Verbesserung am deutlichsten: Gesundheitsziele werden aufgrund einer statistischen Datenanalyse erarbeitet. Werden etwa mittels einer Mitarbeiterbefragung die Gesundheitschancen und -risiken ermittelt, ist es möglich, dass diese nicht genau die

Realität in einem Geschäftsprozess abbilden. Evident wird dieses „gap" aber erst bei dem Versuch, das Ziel mit geeigneten Maßnahmen zu erreichen. Also muss das Ziel verändert werden, damit kein Unfug passiert.

Dass Gesundheitsziele nicht für Individuen, sondern für Mitarbeitergruppen definiert werden, spannt a priori ein weiteres Feld für Verbesserungen auf. So kann es in einigen Organisationsbereichen eventuell nicht sofort möglich sein, vermehrt Gruppenarbeit oder flexiblere Arbeitszeitmodelle einzuführen oder etwa den Handlungsspielraum der Mitarbeiter zu erhöhen, selbst wenn dies deren Zufriedenheit und Gesundheit erhöhen würde. Den Mitarbeitern jedoch diesen Aspekt zu geben und zu vereinbaren, dass dieses Ziel nach Zwischenschritten erreichbar ist, kann schon nennenswert helfen.

Besonders auf dem Gebiet der Analyse von Gesundheitsdaten und der Formulierung von Kennzahlen gibt es noch etliche Unsicherheiten und Verbesserungspotenziale. Der eine Mitarbeiter kann sich gesund fühlen, ist aber tatsächlich krank, der andere ist eigentlich voll belastbar, aber zu keiner Leistung fähig: solche Zustände klar zu erkennen oder gar in Messwerte zu fassen, ist heute sehr schwierig. Durch einen kontinuierlichen Verbesserungsprozess gilt es hier sowohl die Methode als auch die Kennzahlen zu optimieren, um den flächendeckenden Einsatz des Betrieblichen Gesundheitsmanagements zu ermöglichen.

Teil III
Anhänge

Dokumentenreferenzen ISO 9001/DIN SPEC 91020 und BS OHSAS 18001/DIN SPEC 91020

Zusammenfassung

Die DIN SPEC 91020 enthält bereits eine Gegenüberstellung der Forderungen mit der Qualitätsnorm ISO 9001:2008. Wir haben die Entsprechungen der Arbeitssicherheitsnorm BS OHSAS 18001:2007 hinzugefügt. Damit soll die Integration in bestehende Managementsysteme erleichtert werden.

DIN SPEC 91020

Entsprechungen zwischen DIN SPEC 91020 und ISO 9001:2008

Tabelle 1 Entsprechungen zwischen DIN SPEC 91020 und ISO 9001:2008
Die in der Tab. A.1 ausgewiesenen Entsprechungen, stellen nicht immer vollständige Entsprechungen dar.

DIN SPEC 91020			ISO 9001:2008
Vorwort		0.1	Allgemeines
Anwendungsbereich	1	1.1	Allgemeines
Normative Verweisungen	2	2	Normative Verweisungen
Begriffe	3	3	Begriffe
Das Umfeld der Organisation	4		
Das Umfeld der Organisation verstehen	4.1	0.1	Allgemeines
		5.2	Kundenorientierung
Die Erfordernisse und Erwartungen der Interessierten Parteien verstehen	4.2	1.1	Beziehung zu ISO 9004
		8.5.1	Kundenorientierung

M. Kaminski, *Betriebliches Gesundheitsmanagement für die Praxis*,
DOI 10.1007/978-3-658-01274-8_19, © Springer Fachmedien Wiesbaden 2013

DIN SPEC 91020			ISO 9001:2008	
Der Anwendungsbereich des Betrieblichen Gesundheitsmanagements	4.3	1.1	Allgemeines	
		8.5.1	Ständige Verbesserung	
Betriebliches Gesundheitsmanagement-system	4.4	0.2	Prozessorientierter Ansatz	
		4.1	Allgemeine Anforderungen	
		8.5.1	Ständige Verbesserung	
Führungsverhalten	5			
Führung und Selbstverpflichtung der Leitung	5.1	5.1	Selbstverpflichtung der Leitung	
Betriebliche Gesundheitspolitik	5.2	5.3	Qualitätspolitik	
Aufgaben, Verantwortung und Befugnisse	5.3	5.5.1	Verantwortung und Befugnis	
		5.5.2	Beauftragter der obersten Leitung	
Planung	6			
Ermittlung und Bewertung von Gesundheitschancen und -risiken	6.1			
Betriebliche Gesundheitsziele und Planung der Zielerreichung	6.2	5.4.1	Qualitätsziele	
		5.4.2	Planung des Qualitäts-managementsystems	
Unterstützung	7			
Bereitstellung von Ressourcen	7.1	6.1	Bereitstellung von Ressourcen	
Kompetenz, Qualifikation	7.2	6.2.1	Allgemeines	
		6.2.2	Kompetenz, Schulung und Bewusstsein	
Bewusstsein	7.3	6.2.2	Kompetenz, Schulung und Bewusstsein	
Kommunikation	7.4.	5.5.3	Interne Kommunikation	
		7.2.3	Kommunikation mit den Kunden	
Dokumentation	7.5.			
Allgemeines	7.5.1	1.2	Anwendung	
		4.2.1	Allgemeines	
		4.2.2	Qualitätsmanagement-handbuch	
Erstellung und Aktualisierung	7.5.2	1.2	Anwendung	
		4.2.3	Lenkung von Dokumenten	
Lenkung von Dokumenten	7.5.3	4.2.3	Lenkung von Dokumenten	
		4.2.4	Lenkung von Aufzeichnungen	
Betrieb	8			
Betriebliche Planung und Prüfung	8.1			
Allgemeines	8.1.1	0.2	Prozessorientierter Ansatz	
		6.4	Arbeitsumgebung	
		7.1	Planung der Produktrealisierung	
		7.2.	Kundenbezogene Prozesse (Abschnittsüberschrift)	

DIN SPEC 91020		ISO 9001:2008	
Allgemeines	8.1.1	7.2.1	Ermittlung der Anforderungen in Bezug auf das Produkt
		7.2.2	Bewertung der Anforderungen in Bezug auf das Produkt
		7.2.3	Kommunikation mit den Kunden
		7.3.	Entwicklung (Abschnittsüberschrift)
		7.3.1	Entwicklungsplanung
		7.3.2	Entwicklungseingaben
		7.3.3	Entwicklungsergebnisse
		7.3.4	Entwicklungsbewertung
		7.3.5	Entwicklungsverifizierung
		7.3.6	Entwicklungsvalidierung
		7.3.7	Lenkung von Entwicklungsänderungen
		7.4.	Beschaffung (Abschnittsüberschrift) Beschaffungsprozess
		7.4.1	Beschaffungsangaben
		7.4.2	Verifizierung von beschafften
		7.4.3	Produkten Produktion und
		7.5	Dienstleistungserbringung (Abschnittsüberschrift)
Produkt- und dienstleistungs-spezifische Auswirkungen auf das Betriebliche Gesundheitsmanagement	8.1.2	7.2.1	Ermittlung der Anforderungen in Bezug auf das Produkt
		7.2.2	Bewertung der Anforderungen in Bezug auf das Produkt
Mitarbeiterorientierung	8.1.3		
Infrastruktur	8.1.4	6.3	Infrastruktur
Ausgegliederte Prozesse	8.1.5.	4.1	Allgemeine Anforderungen
Evaluation der Leistung	9		
Überwachung, Messung, Analyse und Evaluation	9.1	8.1	Allgemeines
		8.2.1	Kundenzufriedenheit
		8.2.3	Überwachung und Messung von Prozessen
		8.2.4	Überwachung und Messung des
		8.4	Produkts Datenanalyse
Internes Audit	9.2	8.2.2	Internes Audit
Managementbewertung	9.3.	5.6.1	Allgemeines
		5.6.2	Eingaben für die Bewertung
		5.6.3	Ergebnisse der Bewertung Managementbewertung
Verbesserung	10		
Fehler und Korrekturmaßnahmen im Betrieblichen Gesundheitsmanagement	10.1	8.3	Lenkung fehlerhafter
		8.5.2	Produkte Korrekturmaßnahmen
Kontinuierliche Verbesserung	10.2	8.5.3	Vorbeugungsmaßnahmen

Entsprechungen zwischen DIN SPEC 91020 und BS OHSAS 18001:2007

Die in der Tab. A.2 ausgewiesenen Entsprechungen stellen nicht immer vollständige Entsprechungen dar.

DIN SPEC 91020			BS OHSAS 18001:2007
Vorwort			Vorwort
Anwendungsbereich	1	1	Anwendungsbereich
Normative Verweisungen	2	2	Referenzen und Veröffentlichungen
Begriffe	3	3	Begriffe
Das Umfeld der Organisation	4	v	Einleitung
Das Umfeld der Organisation verstehen	4.1	v	Einleitung
Die Erfordernisse und Erwartungen der Interessierten Parteien verstehen	4.2	v 4.4.3.1	Einleitung Kommunikation
Der Anwendungsbereich des Betrieblichen Gesundheitsmanagements	4.3	1	Anwendungsbereich
Betriebliches Gesundheitsmanagement-system	4.4	v 4.1	Einleitung Allgemeine Anforderungen
Führungsverhalten	5		
Führung und Selbstverpflichtung der Leitung	5.1	4.4.1	Ressourcen, Aufgaben, Verantwortlichkeit und Befugnis
Betriebliche Gesundheitspolitik	5.2	4.2	A&G-Politik
Aufgaben, Verantwortung und Befugnisse	5.3	4.2	A&G-Politik
Planung	6	4.3	Planung
Ermittlung und Bewertung von Gesundheitschancen und -risiken	6.1	4.3.1	Gefährdungserkennung, Risikoeinschätzung und Festlegung der Lenkungsmaßnahmen
Betriebliche Gesundheitsziele und Planung der Zielerreichung	6.2	4.3.3	Zielsetzungen und Programme
Unterstützung	7	4.4	Implementierung und Durchführung
Bereitstellung von Ressourcen	7.1	4.4.1	Ressourcen, Verantwortlichkeiten und Befugnis
Kompetenz, Qualifikation	7.2	4.4.2	Fähigkeit, Schulung und Bewusstsein
Bewusstsein	7.3	4.4.2	Fähigkeit, Schulung und Bewusstsein
Kommunikation	7.4	4.4.3.1	Kommunikation
Dokumentation	7.5	4.4.4	Dokumentation
Allgemeines	7.5.1	4.4.5	Lenkung von Dokumenten
Erstellung und Aktualisierung	7.5.2	4.4.5	Lenkung von Dokumenten
Lenkung von Dokumenten	7.5.3	4.5.4	Lenkung von Aufzeichnungen

DIN SPEC 91020			BS OHSAS 18001:2007
Betrieb	8		
Betriebliche Planung und Prüfung	8.1	4.4.6	Ablauflenkung
Allgemeines	8.1.1	4.4.6	Ablauflenkung
Produkt- und dienstleistungs- spezifische Auswirkungen auf das Betriebliche Gesundheitsmanagement	8.1.2	4.4.6 4.4.7	Ablauflenkung Notfallvorsorge und Gefahrenabwehr
Mitarbeiterorientierung	8.1.3	4.4.3.2	Mitbestimmung und Beratung
Infrastruktur	8.1.4	4.3.1	Gefährdungserkennung, Risikoeinschätzung und Festlegen der Lenkungsmaßnahmen
Ausgegliederte Prozesse	8.1.5.	4.3.1	Gefährdungserkennung, Risikoeinschätzung und Festlegung von Lenkungsmaßnahmen
Evaluation der Leistung	9	4.5	Überprüfung
Überwachung, Messung, Analyse und Evaluation	9.1	4.5.1 4.5.2	Leistungsmessung und Überwachung Bewertung der Einhaltung der Rechtsvorschriften
Internes Audit	9.2	4.5.5	Internes Audit
Managementbewertung	9.3.	4.6	Managementbewertung
Verbesserung	10		
Fehler und Korrekturmaßnahmen im Betrieblichen Gesundheitsmanagement	10.1	4.5.3	Vorfalluntersuchungen, Nichtkonformität, Korrektur- und Vorbeugungsmaßnahmen
Kontinuierliche Verbesserung	10.2 v	4.5.3.2	Nichtkonformität, Korrektur- und Vorbeugungsmaßnahmen Einleitung

DIN SPEC 91020

Literaturhinweise

DIN EN ISO/IEC 17021, Konformitätsbewertung – Anforderungen an Stellen, die Managementsysteme auditieren und zertifizieren

DIN EN ISO/IEC 17024, Konformitätsbewertung – Allgemeine Anforderungen an Stellen, die Personen zertifizieren

DIN EN ISO 6385, Grundsätze der Ergonomie für die Gestaltung von Arbeitssystemen

DIN EN ISO 9001, Qualitätsmanagementsysteme – Anforderungen

DIN EN ISO 9004, Leiten und Lenken für den nachhaltigen Erfolg einer Organisation – Ein Qualitätsmanagementansatz

DIN EN ISO 9241-11:1999-01, Ergonomische Anforderungen für Bürotätigkeiten mit Bildschirmgeräten

Teil 11: Anforderungen an die Gebrauchstauglichkeit; Leitsätze (ISO 9241-11:1998); Deutsche Fassung

EN ISO 9241-11:1998

DIN EN ISO 10075 (alle Teile), Ergonomische Grundlagen bezüglich psychischer Arbeitsbelastung

DIN EN ISO 14001:2009-11, Umweltmanagementsysteme – Anforderungen mit Anleitung zur Anwendung

(ISO 14001:2004 + Cor.1:2009); Deutsche und Englische Fassung EN ISO 14001:2004 + AC:2009

DIN EN ISO 19011, Leitfaden zur Auditierung von Managementsystemen

DIN EN ISO 26800, Ergonomie – Genereller Ansatz, Prinzipien und Konzepte

DIN ISO 31000, Risikomanagement – Grundsätze und Leitlinien

ISO/IEC Guide 67, Conformity assessment – Fundamentals of product certification

ISO Guide 83, High level structure and identical text for management system standards and common core management system terms and definitions

A91 TÜV NORD Standard, Betriebliches Gesundheitsmanagement

BS OHSAS 18001, Occupational health and safety management systems. Requirements

GDA – Gemeinsame Deutsche Arbeitsschutzstrategie

Ilmarinen & Tempel, 2002: Arbeitsbewältigungsfähigkeit 2010– Was können wir tun, damit wir gesundbleiben? Hamburg: VSA-Verlag

Luxemburger Deklaration zur betrieblichen Gesundheitsförderung in der Europäischen Union aus dem Jahr 1997

Naidoo, J. & Wills, J., 2003: Lehrbuch der Gesundheitsförderung. BZgA (Hrsg.). 1. Auflage der deutschen Ausgabe, Gamburg: Verlag für Gesundheitsförderung

SCOHS, Social Capital and Occupational Health Standard

Literatur

1. Badura B, Greiner W, Rixgens P, Ueberle M, Behr M (2008) Sozialkapital – Grundlagen von Gesundheit und Unternehmenserfolg. Springer, Berlin
2. Sozialkapital Standard UG Bielefeld (Hrsg) (2010) SCOHS Social Capital and Occupational Health Standard. SCOHS UG, Bielefeld
3. DIN (2012) DIN SPEC 91020 Betriebliches Gesundheitsmanagement. Beuth, Berlin
4. World Health Organisation WHO (1948) Definition von Gesundheit. http://bmg.gv.at/home/Schwerpunkte/Praevention/Gesundheit_und_Gesundheitsfoerderung#f0. Zugegriffen: 7. März 2013
5. Badura B, Ducki A, Schröder H, Klose J, Macco K (Hrsg) (2011) Fehlzeiten-Report Führung und Gesundheit. Springer, Berlin
6. Badura B (2010) Vortrag. Nutzen und Effizienz von Betrieblichem Gesundheitsmanagement Folie 8: Baase (2007) aus Fehlzeitenreport 2007 Folie 9: Nieder P (2009) HDI 2007 aus Brandenburg. http://www.finanzen.bremen.de/sixcms/media.php/13/VortragBadura.pdf. Zugegriffen: 7. März 2013
7. Badura B, Steinke M (2011) Die erschöpfte Arbeitswelt. Bertelsmann Stiftung, Gütersloh
8. Steinke M, Badura B (2011) Präsentismus: Ein Review zum Stand der Forschung. Bundesanstalt für Arbeitsschutz und Arbeitsmedizin BAUA, Dortmund
9. Antonovsky A (1997) Salutogenese. Zur Entmystifizierung der Gesundheit. DGVT-Verlag, Tübingen
10. Duden (2013) Zoon politikon. http://www.duden.de/suchen/dudenonline/zoon%2Bpolitikon. Zugegriffen: 7. März 2013
11. DIN ENISO 9000:2005 (2005) Qualitätsmanagementsysteme. Grundlagen und Begriffe. Beuth, Berlin
12. DIN SPEC (2013) http://www.spec.din.de/cmd?workflowname=InitDinSpec&level=tpl-home&contextid=spec. Zugegriffen: 7. März 2013
13. Draft ISO Guide 83 (2012) High level structure and identical text for management system standards and common core management system terms and definitions. http://www.lrqa.de/news/236520-high-level-structure-bergeordnete-struktur-fr-alle-managementsystemstandards.aspx. Zugegriffen: 7. März 2013
14. Lexikon der Nachhaltigkeit http://www.nachhaltigkeit.info/artikel/stakeholder_anspruchsgruppen_1505.htm. Zugegriffen: 7. März 2013
15. DakkS http://www.dakks.de/node/371. Zugegriffen: 1. August 2013
16. DIN EN ISO/IEC 17021 (2011) Konformitätsbewertung – Anforderungen an Stellen, die Managementsysteme auditieren und zertifizieren. Beuth, Berlin
17. Schmidt J, Schröder H (2010) Präsentismus – Krank zur Arbeit aus Angst vor Arbeitsplatzverlust. In: Badura et al (Hrsg) Fehlzeitenreport 2009. Springer, Heidelberg, S 93–100

18. proproduction homepage. www.proproduction.de. Zugegriffen: 27. März 2013
19. Deming-Zyklus http://de.wikipedia.org/wiki/Demingkreis. Zugegriffen: 27. März 2013
20. Badura B, Walter U, Hehlmann T (2010) Betriebliche Gesundheitspolitik. Der Weg zur gesunden Organisation. Springer, Heidelberg
21. Bertelsmann Stiftung, Hans-Böckler Stiftung (Hrsg) (2004) Zukunftsfähige Betriebliche Gesundheitspolitik. Vorschläge der Expertenkommission. Bertelsmann Stiftung, Gütersloh
22. DIN EN ISO 19011:2011 (2011) Leitfaden zur Auditierung von Managementsystemen. Beuth, Berlin
23. Wikipedia Ishikawa http://de.wikipedia.org/wiki/Ursache-Wirkungs-Diagramm. Zugegriffen: 7. März 2013
24. WHO (2010b) WHO Healthy Workplace Framework and Model http://www.who.int/occupational_health/healthy_workplace_framework.pdf. Zugegriffen: 22. März 2013
25. Lee Iacocca http://www.nur-zitate.com/autor/Lee_Iacocca. Zugegriffen: 22. März 2013